Christian Pfeffer-Hoffmann (Hrsg.)

Gestaltung der europäischen Arbeitsmigration
Analysen, Strategien und Praxismethoden

Christian Pfeffer-Hoffmann (Hrsg.)

Gestaltung der europäischen Arbeitsmigration – Analysen, Strategien und Praxismethoden

Autorinnen und Autoren: Cristina Faraco Blanco, Maëlle Dubois, Emilia Fabiańczyk, Judy Korn, Marianne Kraußlach, Miguel Montero Lange, Christian Pfeffer-Hoffmann, Stephanie Sperling

Impressum

ISBN 978-3-86387-773-6

© 2016 Mensch und Buch Verlag

Das Werk einschließlich aller seiner Teile ist urheberrechtlich geschützt. Jede Verwertung außerhalb der engen Grenzen des Urheberrechtsgesetzes ist ohne Zustimmung des Herausgebers unzulässig und strafbar. Das gilt insbesondere für Vervielfältigungen, Übersetzungen, Mikroverfilmungen und die Einspeicherung und Verarbeitung in elektronischen Systemen.

Diese Publikation entstand im Rahmen von „Fachkräftesicherung durch Integration zuwandernder Fachkräfte aus dem EU-Binnenmarkt", einem Projekt von

www.minor-kontor.de

Das Projekt „Fachkräftesicherung durch Integration zuwandernder Fachkräfte aus dem EU-Binnenmarkt" wird gefördert von der Berliner Senatsverwaltung für Integration, Arbeit und Soziales

Inhalt

VORWORT 9
TEIL I - STRATEGIEN DER GESTALTUNG EUROPÄISCHER ARBEITSMIGRATION
.... 15

1. ZUWANDERUNG VON EUROPÄISCHEN FACHKRÄFTEN GESTALTEN: NEUES AUS DER FORSCHUNG 17
   1.1. DIE WAHRNEHMUNG DER EU-FREIZÜGIGKEIT 18
   1.2. DIE ZUWANDERUNG AUS DER EU NACH DEUTSCHLAND 19
   1.3. DIE BEDEUTUNG DER EU-FREIZÜGIGKEIT FÜR DIE NATIONALEN ARBEITSMÄRKTE UND WIRTSCHAFTEN 20
   1.4. RECHTE DER ARBEITNEHMERINNEN UND ARBEITNEHMER 23
   1.5. DIE ARBEITSMARKTINTEGRATION DER EUROPÄISCHEN ARBEITNEHMERINNEN UND ARBEITNEHMER 28
   1.6. DER ZUGANG ZU SOZIALLEISTUNGEN 32
   1.7. STAATLICHE ZUWANDERUNGSPOLITIK 33
   1.8. DIE UNTERSTÜTZUNG VON ZUGEWANDERTEN 35
   1.9. FAZIT 36

2. KOMMUNALE INTEGRATIONSSTRATEGIEN: ENTWURF EINES COMMUNITYZENTRIERTEN ANSATZES 39
   2.1. EINLEITUNG 39
   2.2. DIE KOMMUNALISIERUNG VON INTEGRATIONSPOLITIKEN 40
   2.3. INTEGRATIONSPOLITIK IM MEHREBENEN-SYSTEM 42
   2.4. STÄDTE UND KOMMUNALE INTEGRATIONSPOLITIK IN DER MIGRATIONSFORSCHUNG 49
   2.5. KOMMUNALE INTEGRATIONSPOLITIK ALS WIRTSCHAFTSFÖRDERUNG 52
   2.6. KOMMUNEN ALS AKTEURE DER AUSGRENZUNG 57
   2.7. „SUPER-DIVERSITY" ALS HERAUSFORDERUNG KOMMUNALER INTEGRATIONSPOLITIKEN 59
   2.8. ANSÄTZE UND GRUNDSÄTZE KOMMUNALER INTEGRATIONSPOLITIKEN 61

2.9. STRATEGIEN KOMMUNALER INTEGRATIONSPOLITIKEN: DER COMMUNITYZENTRIERTE ANSATZ ...75
2.10. SCHLUSSFOLGERUNGEN ...86
ANHANG: INTERNATIONALE UND EUROPÄISCHE NETZWERKE KOMMUNALER AKTEURE ...90

3. HANDLUNGSFELDER STAATLICHER POLITIK ZUR FÖRDERUNG DER INNEREUROPÄISCHEN MOBILITÄT ...93

3.1. FACHKRÄFTEMANGEL: DER WETTBEWERB UM HOCH QUALIFIZIERTE FACHKRÄFTE ..93
3.2. DIE NORMEN DER EU-FREIZÜGIGKEIT ...100
3.3. ANSÄTZE STAATLICHEN HANDELNS IM RAHMEN DER FREIZÜGIGKEIT ...104
3.4. STAATLICHE HANDLUNGSFELDER ZUR FÖRDERUNG DER INNEREUROPÄISCHEN MOBILITÄT ...111
3.5. SCHLUSSFOLGERUNGEN ...121

TEIL II - ANALYSEN UND PRAXISMETHODEN DER INTEGRATION EUROPÄISCHER ZUWANDERNDER IN BERLIN ...123

4. EU-AUSLÄNDERINNEN UND EU-AUSLÄNDER AUF DEM BERLINER ARBEITSMARKT ...125

4.1. SOZIALVERSICHERUNGSPFLICHTIG BESCHÄFTIGTE ...125
4.2. GERINGFÜGIGE BESCHÄFTIGUNG ...135
4.3. BESCHÄFTIGUNGSSTATUS ...140
4.4. FAZIT ...142

5. VERTEILUNG DER EU-AUSLÄNDISCHEN BEVÖLKERUNG BERLINS AUF DIE BEZIRKE ...145

5.1. GESAMTBILD DER EU-AUSLÄNDISCHEN BEVÖLKERUNG IN BERLIN ...145
5.2. WOHNORTE DER EU-STAATSANGEHÖRIGEN IN BERLIN ...147
5.3. FAZIT ...159

6. EMPFEHLUNGEN FÜR DIE GESTALTUNG VON COMMUNITY-SEMINAREN ...161

6.1. INFORMATIONS- UND BERATUNGSBEDARFE DER EU-BÜRGERINNEN UND EU-BÜRGER IN BERLIN ...161

6.2.	HANDREICHUNG ZUR ERFOLGREICHEN ORGANISATION VON COMMUNITY-SEMINAREN	163
6.3.	BEISPIEL EINES SEMINARS FÜR EU-BÜRGERINNEN UND EU-BÜRGER	170
6.4.	FAZIT	174

LITERATURVERZEICHNIS **179**

ABBILDUNGSVERZEICHNIS **203**

TABELLENVERZEICHNIS **206**

Vorwort

Christian Pfeffer-Hoffmann

Migration und Integration sind derzeit im gesellschaftlichen Diskurs sehr präsent. Insbesondere der rapide Anstieg der Fluchtmigration nach Deutschland im Jahr 2015 wurde und wird von den Medien intensiv begleitet. Auch Akteure aus den Bereichen der Politik und Zivilgesellschaft und Wissenschaft positionieren sich zu Fragestellungen, die sich in diesem Kontext ergeben.

Dabei gerät jedoch der größte Zuwanderungstrend der vergangenen Jahre häufig aus dem Blickwinkel: Die Zuwanderung von Menschen nach Deutschland, die von ihrem EU-Freizügigkeitsrecht Gebrauch machen. Auch im Jahr 2015 stammten 43 % der nach Deutschland Zugewanderten aus anderen EU-Mitgliedsstaaten, in den Jahren davor und in 2016 stellen sie die größte Gruppe von Zugewanderten.

EU-Zugewanderte sind in den meisten Aspekten gegenüber anderen Migrantinnen und Migranten privilegiert. Sie haben das Recht, sich in Deutschland aufzuhalten und eine Arbeit aufzunehmen. Sie kommen nicht aus Kriegsgebieten und bringen oft ein gutes Bildungsniveau mit. Dennoch kann nicht davon ausgegangen werden, dass ihre Integration in den deutschen Arbeitsmarkt und die deutsche Gesellschaft ein Selbstläufer ist und dieser Thematik somit keine Aufmerksamkeit gewidmet werden muss. Auch EU-Binnenmigrantinnen und -migranten stehen vor einer Reihe von Herausforderungen, wenn sie sich entschieden haben, ihren Lebensmittelpunkt nach Deutschland zu verlagern. Sie verfügen häufig über keine oder nur sehr geringe Deutschkenntnisse. Es fehlen ihnen soziale und professionelle Netzwerke und Kenntnisse der Gepflogenheiten bei der Arbeitssuche und im Bewerbungsverfahren. Bestehende Beratungsangebote und existierende Anlaufstellen sind ihnen oft nicht bekannt. Zudem haben sie als einzige Gruppe von Zugewanderten in den ersten Jahren keinen Anspruch auf Leistungen der Arbeits- und Ausbildungsförderung und zum Lebensunterhalt. Dies führt dazu, dass sie bei der Suche nach Ausbildung und Beschäftigung, nach Wohnraum und Lebensunterhalt mit gravierenden Hürden konfrontiert sind. Nicht selten führt der Weg sie dann in eine Tätigkeit, die ihren Qualifikationen nicht entspricht.

Schwierige Integrationswege sind für alle Beteiligten nachteilig: Für die Zugewanderten EU-Bürgerinnen und Bürger, da sie mit vielen Herausforderungen zu kämpfen haben und sie in beruflicher Hinsicht unter ihren Möglichkeiten bleiben; aber auch für die Aufnahmegesellschaft, die nicht von den Kompetenzen profitiert, die die mobilen EU-Bürgerinnen und Bürger mitbringen. Hier besteht also noch viel Handlungsbedarf angesichts des durch den demografischen Wandel bedingten Fachkräftemangels, der in Deutschland bereits heute in vielen Regionen und Branchen besteht.

Neben diesen Argumenten, bei denen die Integration auf dem Arbeitsmarkt und deren Vorteile im Fokus stehen, betrifft die Gestaltung der EU-Binnenmigration auch die Frage, welches Europa wir uns wünschen. Das Recht auf Freizügigkeit ist eine grundlegende Errungenschaft der EU, ein Recht, das die Bürgerinnen und Bürger der EU sehr schätzen. Die Mobilität zwischen den Mitgliedsstaaten kann dazu beitragen, dass sich ein Gefühl der Zusammengehörigkeit entwickelt, also Europa stärker zusammenwächst. Dass dies nicht als etwas Selbstverständliches anzusehen ist, haben die politischen Entwicklungen in der letzten Zeit deutlich gezeigt. Großbritannien hat als erstes Land in der Geschichte der Europäischen Union entschieden, diese zu verlassen. In vielen Mitgliedsstaaten ist derzeit das Erstarken von rechtspopulistischen Parteien zu beobachten, deren Politik nationale Interessen in den Mittelpunkt rückt und Zuwanderung als Gefahr darstellt.

All die hier genannten Punkte machen deutlich: Es lohnt sich, einen genaueren Blick auf die aktuelle Ausgestaltung EU-Binnenmobilität und die Integration von EU-Bürgerinnen und EU-Bürgern in Deutschland zu werfen. Wie sieht die Situation von aus dem EU-Ausland Zugewanderten Menschen in Deutschland aus? Wo besteht Handlungsbedarf – für den Bund, die Länder und die Kommunen? Welche Handlungsoptionen existieren? Dies sind die zentralen Fragen dieser Publikation. Einen Schwerpunkt legen wir dabei – besonders im zweiten Teil des Buches – auf Berlin, das als Metropole viele Einwandernde besonders anzieht und das auch im Zentrum vorhergehender Publikationen von Minor zur EU-Zuwanderung steht (Pfeffer-Hoffmann 2015a, 2016).

Im ersten Teil des Bandes gehen wir der Frage auf den Grund, wie es um die derzeitige Gestaltung von europäischer Binnenmigration steht und welche Möglichkeiten für politische Entscheidungsträger existieren, diese noch zu verbessern.

Vorwort

In einem ersten Kapitel gibt Miguel Montero Lange einen Überblick darüber, welche Themen in der Forschung aktuell im Zusammenhang mit der EU-Freizügigkeit diskutiert werden. Er nimmt dabei Bezug auf aktuelle Studien und stellt deren wichtigste Ergebnisse dar. Der Fokus des Autors liegt dabei auf der Schaffung eines umfassenden Verständnisses dafür, welche Herausforderungen für politische Akteure in Bezug auf die EU-Freizügigkeit bestehen. Es gelingt ihm aufzuzeigen, dass das Bestehen des Rechtes auf Freizügigkeit per se nicht garantiert, dass innereuropäische Mobilität reibungslos verläuft. Zunächst stellt Montero dar, welche Bedeutung dem Thema der EU-Freizügigkeit in verschiedener Hinsicht zukommt. Er beleuchtet, wie sehr die EU-Bürgerinnen und EU-Bürger das Recht auf Freizügigkeit im Allgemeinen schätzen; erläutert unter Rückgriff auf statistische Daten, dass die Zuwanderung aus der EU nach Deutschland zahlenmäßig auch zu Zeiten der gestiegenen Fluchtmigration ein bedeutendes Phänomen ist und beschäftigt sich mit dem Potenzial, das Wanderungsbewegungen zwischen den EU-Mitgliedstaaten innewohnt, um bestehende Disparitäten zwischen nationalen Arbeitsmärkten auszugleichen. Darauf aufbauend verdeutlicht Montero, welcher Handlungs- und Diskussionsbedarf weiterhin in Bezug auf die Gewährleistung der Rechte und die Unterstützung der (Arbeitsmarkt-)Integration von EU-Binnenmigrantinnen und -migranten sowie die Frage des Zugangs zu Sozialleistungen besteht.

Im zweiten Kapitel steht das Thema der kommunalen Integrationspolitik im Vordergrund. Miguel Montero Lange und Judy Korn verdeutlichen eingangs, inwiefern der kommunalen Ebene eine zunehmend wichtige Rolle bei der Ausgestaltung der Integrationspolitik zukommt. Im Anschluss daran untersuchen sie, welche Erkenntnisse in Bezug auf das Verhältnis zwischen Integrationspolitik auf nationaler und kommunaler Ebene bestehen. Dabei verdeutlichen sie, dass die Strategien, die auf diesen beiden Ebenen verfolgt werden, durchaus gegenläufig sein können. Montero und Korn zeigen auf, wie kommunale Integrationspolitik mit den lokalen Begebenheiten und Interessenslagen verknüpft sind. Insbesondere beleuchten sie den Zusammenhang mit lokalen wirtschaftspolitischen Strategien. Sie gehen aber auch darauf ein, dass Kommunen durch ihre Politik nicht nur fördern, sondern auch verhindern können und erläutert, wie die „Super-Diversity" – also die große Heterogenität in der Zusammensetzung der zuwandernden Bevölkerungsgruppen – eine Herausforderung für Integrationspolitik auf der lokalen Ebene darstellt. Auf der Grundlage dieser Betrachtungen zeichnen sie daraufhin nach, welche Handlungsmöglichkeiten Kommunen haben, um Integrationspolitik zu gestalten. Abschließend skizzieren sie, wie eine kommunale Integrationspolitik aussehen könnte, die einen starken Fokus auf den Einbezug der jeweiligen Communities setzt.

In einem dritten Kapitel stellt Miguel Montero Lange schließlich die Frage in den Mittelpunkt, welche Möglichkeiten Nationalstaaten haben, um den Zuzug von EU-Binnenmigrantinnen und -migranten mithilfe von Migrationspolitik zu fördern. Er stellt zunächst den Hintergrund dar, der es für nationale Regierungen zunehmend notwendig werden lässt, sich mit dieser Fragestellung zu beschäftigen: Die demografische Entwicklung und den dadurch bereits vorhandenen oder bevorstehenden Fachkräftemangel. Er umreißt zudem, durch welche rechtlichen Normen sich die EU-Freizügigkeit kennzeichnet. Diese machen herkömmliche Ansätze in der Migrationspolitik hinfällig. Montero zeigt auf, dass dies keineswegs bedeutet, dass Staaten keinerlei Spielraum mehr bei der Anwerbung und Förderung der Integration von Migrantinnen und Migranten aus den EU-Mitgliedsstaaten haben. Er beschreibt zunächst, wie Staaten derzeit agieren und stellt anschließend eine Reihe von möglichen Handlungsansätzen vor, mithilfe derer Regierungen die Zuwanderung und Arbeitsmarktintegration von EU-Ausländerinnen und EU-Ausländern in ihrem Land fördern können.

Im zweiten Teil der Publikation steht die Situation von EU-Migrantinnen und EU-Migranten in Berlin im Vordergrund. Maëlle Dubois, Emilia Fabiańczyk, Cristina Faraco Blanco, Marianne Kraußlach, Judy Korn, Stephanie Sperling und Christian Pfeffer-Hoffmann gehen in drei Artikeln den Fragen nach, wie sich die Arbeitsmarktintegration der Wahlberlinerinnen und Wahlberliner aus dem EU-Ausland in Berlin gestaltet, wo diese in der Hauptstadt leben und wie sie durch Community-Seminare bei ihrem Integrationsprozess unterstützt werden können.

Im ersten der drei Kapitel des zweiten Teils analysieren die Autorinnen und Autoren, wie es um die Arbeitsmarktintegration der EU-Bürgerinnen und EU-Bürger aus den acht Herkunftsländern bestellt ist, von denen im Jahr 2015 am meisten Personen in Berlin lebten. Dabei interessiert sie, ob sich die Situation der EU-Ausländerinnen und EU-Ausländer von der der Berliner Gesamtbevölkerung und von der Situation der EU-Ausländerinnen und EU-Ausländer deutschlandweit unterscheidet. Dafür werten sie statistische Daten zu sozialversicherungspflichtig und geringfügig Beschäftigten sowie zu Arbeitslosen aus, die von der Bundesagentur für Arbeit erfasst werden. Berücksichtigt werden dabei auch das Alter, Geschlecht und Qualifikationsniveau. Insbesondere bei der Verteilung auf die verschiedenen Branchen und bei der Betrachtung des Anforderungsniveaus der aktuell ausgeübten Tätigkeiten stellen sie Auffälligkeiten fest.

Nach der Arbeitsmarktintegration der Zielgruppe wird im folgenden Kapitel der zweite Lebensbereich betrachtet, der von zentraler Bedeutung ist: dem Wohnen. Die Autorinnen analysieren für jede der acht Gruppen, wo diese sich in der Hauptstadt konzentrieren. Dazu werden Daten des Amtes für Statistik Berlin Brandenburg zurate gezogen, die Aufschluss darüber geben, in welchen Bezirken, Stadtteilen und Planungsräumen wie viele Menschen mit welcher Staatsbürgerschaft leben. Zudem wird auch die Entwicklung nachgezeichnet, die sich in diesem Zusammenhang in den letzten Jahren beobachten ließ.

Im letzten Kapitel wird die Methode der Community-Seminare vorgestellt, die geeignet scheint, bestimmte Beratungsbedarfe der Zielgruppe europäischer Neuzugewanderter zu bedienen. Die Autorinnen und Autoren gehen von der Feststellung aus, dass es Themenkomplexe gibt, zu denen ein Großteil der Neuberlinerinnen und Neuberliner aus dem EU-Ausland ähnliche Fragen hat. Dazu zählen bspw. die Krankenversicherung, Empfehlungen für die Arbeitssuche in Berlin, notwendige Schritte für den Eintritt in die Freiberuflichkeit oder bei der Gründung eines Unternehmens. Community-Seminare – d. h. Informationsseminare für Neuzugewanderte eines bestimmten Herkunftslandes in ihrer jeweiligen Herkunftssprache – haben den Vorteil, dass zeitgleich eine Gruppe von Interessierten das Informations- und Beratungsangebot nutzen kann. Die Autorinnen und Autoren geben einen Einblick in ihre Erfahrungen mit dieser Methode und präsentieren hilfreiche Tipps, was bei ihrer Anwendung zu berücksichtigen ist.

Berlin, im November 2016

Teil I -
Strategien der Gestaltung europäischer Arbeitsmigration

1. Zuwanderung von europäischen Fachkräften gestalten: Neues aus der Forschung

Miguel Montero Lange

Die EU-Freizügigkeit ist eine der Grundlagen zur Schaffung eines gemeinsamen europäischen Arbeits- und Ausbildungsraums. Sie ist eines der Grundrechte, das von den europäischen Staatsbürgerinnen und Staatsbürgern am meisten geschätzt und als ein Grundpfeiler angesehen wird, der unabänderlich ist. Die EU-Freizügigkeit ist zudem aufgrund aktueller Entwicklungen, insbesondere der massiven Zuwanderung von Geflüchteten, auf einen der hinteren Ränge der nationalen und europäischen politischen Agenden gerückt. Das Interesse für die EU-Freizügigkeit ist schwankend und steht derzeit vor enormen Herausforderungen. Drei Gründe rechtfertigen die intensive Beschäftigung mit der EU-Freizügigkeit:

Erstens hat die Auseinandersetzung um den Brexit gezeigt, dass die EU-Freizügigkeit ein hoch umstrittenes und daher auch gefährdetes Grundrecht ist. Am schwersten wiegt die Behauptung, der Zugang zu Sozialleistungen sei der hauptsächliche Grund für die Wahrnehmung des Rechtes auf Freizügigkeit mit negativen Auswirkungen auf die nationalen Arbeitsmärkte und Wirtschaften. Dieses Argument wird – auch in Deutschland – gerne und regelmäßig im politischen Diskurs aufgegriffen und in Wahlkämpfen instrumentalisiert.

Zweitens wird unterstellt, dass durch den Wegfall rechtlicher Hürden für die freie Wahl des Arbeits- und Wohnortes von europäischen Arbeitnehmerinnen und Arbeitnehmern, die innereuropäische Mobilität von alleine geschehe und der Ausgleich der Arbeitsmärkte damit gesichert sei. Es wird, so diese Behauptung, keinerlei staatliche Unterstützung für die Arbeitsmarktintegration mobiler europäischer Arbeitnehmerinnen und Arbeitnehmer benötigt, so wie sie etwa Drittstaatsangehörigen zukommt.

Drittens wird von der Annahme ausgegangen, dass die Rechte der mobilen Arbeitnehmerinnen und Arbeitnehmer durch die Unionsbürgerschaft und das Prinzip der Gleichbehandlung automatisch gewährleistet ist. Es seien vor allem Drittstaatsangehörige, die ihre Rechte als Arbeitnehmerinnen und Arbeitnehmer nicht wahrnehmen können.

Die erste dieser Annahmen führt dazu, dass die EU-Freizügigkeit in den Fokus der politischen Debatte rückt, und dieses Grundrecht in Frage gestellt wird. Die zweite und dritte Annahme wiederum haben genau den gegenteiligen Effekt. Sie entheben die Politik jeglicher Verantwortung, die EU-Freizügigkeit zu gestalten und vertrauen auf die regulierende Kraft der (Arbeits-)Märkte.

Dieses Kapitel gibt einen Überblick über den Stand der Forschung über die EU-Freizügigkeit in ihrer Vielfältigkeit und Komplexität und will damit einen Beitrag zur Versachlichung der Diskussion liefern. Vorgestellt werden aktuelle Studien, u. a. über die Bedeutung der EU-Freizügigkeit für die Volkswirtschaften und Arbeitsmärkte der EU-Mitgliedstaaten, die Rechte und die Qualität der Arbeitsmarktintegration der zugewanderten europäischen Staatsbürgerinnen und Staatsbürger, die Handlungsfelder staatlicher Zuwanderungspolitik und die Unterstützung von mobilen Arbeitnehmerinnen und Arbeitnehmern.

1.1. Die Wahrnehmung der EU-Freizügigkeit

EU-Freizügigkeit ist eines der am meisten debattierten Themen in der Europäischen Union. Die Krise der Wirtschafts- und Finanzsysteme in einigen Mitgliedstaaten der EU und die EU-Osterweiterung haben zu einer Zunahme der innereuropäischen Mobilität von Arbeitnehmerinnen und Arbeitnehmern geführt (Galgóczi & Leschke 2015a und 2015b).

Die EU-Freizügigkeit ist eines der Grundrechte, das von den Bürgerinnen und Bürgern der EU am höchsten geschätzt wird. Das kürzlich veröffentlichte Standard-Eurobarometer der Europäischen Kommission spiegelt die widersprüchliche Wahrnehmung der Mobilität in Europa wider (Europäische Kommission 2016a). Die Einwanderung ist eines der Themen, die die Bürgerinnen und Bürger am meisten sorgen. Die Wahrnehmung der Einwanderung als eine Herausforderung sowohl für die Europäische Union wie auch für die Mitgliedstaaten drückt sich jedoch nicht in einer Ablehnung des Rechts auf Freizügigkeit der EU-Staatsangehörigen aus. Im Gegenteil: 79 % der befragten EU-Bürgerinnen und -Bürger sprechen sich für die Freizügigkeit aus, ein Anstieg von 1 Prozentpunkt im Vergleich zum Herbst 2015. Die Zustimmung ist seit letztem Herbst in 22 der 28 Mitgliedstaaten gestiegen.

1.2. Die Zuwanderung aus der EU nach Deutschland

2015 wird als das Jahr in Erinnerung bleiben, in dem Deutschland eine – zumindest für die letzten Jahrzehnte – ungewöhnlich hohe Zahl an Geflüchteten aufgenommen hat. Wie hat sich diese Entwicklung auf die innereuropäische Mobilität[1] nach Deutschland ausgewirkt?

Im Juli 2016 veröffentlichte das Statistische Bundesamt die vorläufigen Wanderungsergebnisse des Jahres 2015 (Statistisches Bundesamt 2016).[2] Noch nie war die Zuwanderung nach Deutschland so hoch. Insgesamt, so die vorläufige Bilanz, wanderten 2.137.000 Menschen nach Deutschland ein, 672.000 (+46 %) mehr als ein Jahr zuvor (Bruttozuwanderung). Im Saldo verblieben nach Abzug der Auswanderungen 1.139.400 Menschen (Nettozuwanderung). Im Jahr 2015 waren noch 45 % der Zugewanderten Personen aus einem Mitgliedstaat der Europäischen Union, insgesamt kamen 911.720 Menschen aus einem anderen EU-Land nach Deutschland (davon 864.983 Nichtdeutsche), 3,7 % mehr als im Vorjahr. Im Saldo sind 2015 332.511 mehr Menschen aus anderen EU-Ländern nach Deutschland gewandert als umgekehrt. Betrachtet man nur den Wanderungssaldo nichtdeutscher Staatsangehöriger, waren es mit 341.418 Personen sogar noch mehr, da mehr Deutsche aus- als eingewandert sind. Damit sind die Personen, die Gebrauch von ihrem Recht auf Freizügigkeit machen, nach wie vor die

---

[1] Im Zusammenhang mit der EU-Freizügigkeit wird der Begriff der Mobilität genutzt, in Abgrenzung zur Migration, die die Zuwanderung von Drittstaatsangehörigen meint. *„Auf europäischer Ebene umfasst der Begriff „geografische Mobilität" die Mobilität von Unionsbürgern innerhalb der Länder und zwischen Ländern. Nach dem EU-Vertrag haben alle europäischen Bürger das Recht auf Freizügigkeit zwischen den EU-Mitgliedstaaten, um dort zu arbeiten („Mobilität innerhalb der EU"). Für die Situation von Drittstaatsangehörigen ist hingegen nach Artikel 79 und 80 AEUV die europäische Migrationspolitik maßgeblich"* (Biletta 2015: 3).

[2] Auch das Bundesamt für Migration und Flüchtlinge (BAMF 2016) veröffentlichte eine statistische Erhebung über die Zuwanderung von europäischen Staatsbürgerinnen und Staatsbürgern auf der Grundlage des Ausländerzentralregisters (AZR). Allerdings weichen die Ergebnisse der Bevölkerungsfortschreibung (Wanderungsstatistik) und des Ausländerzentralregisters (AZR) voneinander ab, was mehrere Gründe haben kann: Verzögerungen bei der Meldung an das AZR, die Untererfassung kürzerer Aufenthaltsdauern durch das AZR und die Tatsache, dass ausländische Staatsbürgerinnen und Staatsbürger sich bisweilen nicht abmelden. Zudem erfasst die Wanderungsstatistik mehrfache An- und Abmeldungen einer Person sowie auch vorübergehende Aufenthalte.

größte Zuwanderungsgruppe (bezogen auf die Bruttozuwanderung), gefolgt von den Staatsangehörigen eines asiatischen Staates mit 32 %. Die innereuropäische Mobilität ist weiterhin einer der konstanten Treiber der Zuwanderung nach Deutschland.

1.3. Die Bedeutung der EU-Freizügigkeit für die nationalen Arbeitsmärkte und Wirtschaften

Welche Bedeutung hat die EU-Freizügigkeit, um dem Fachkräftemangel zu begegnen und welche Auswirkungen hat sie auf die nationalen Wirtschaftssysteme? Eine Studie des National Institute of Economic and Social Research (2016a) untersucht die Auswirkungen in drei britischen Wirtschaftsbereichen (Hotellerie, Lebensmittelverarbeitung und Bauwirtschaft). Die befragten britischen Unternehmer zielen zwar nicht explizit auf die Anstellung von Arbeitskräften aus der EU ab, sehen aber darin eine willkommene Arbeitskräftereserve. Der Bedarf an Fachkräften ist so groß, dass es nicht ausreicht, ihn über die Ausbildung junger Menschen auszugleichen. Daher bleibt die Anstellung von Fachkräften aus der EU eine wichtige Ressource für viele Unternehmen.

Aktuelle ökonomische Studien über die Determinanten für die innereuropäische Mobilität und ihre Bedeutung für die nationalen Arbeitsmärkte (Arpaia et al. 2015) bestätigen vorherige Befunde: Obwohl die innereuropäische Mobilität nach wie vor etwa hinter der Mobilität von Arbeitnehmerinnen und Arbeitnehmern in den USA liegt, spielt sie zunehmend eine Rolle für die Abfederung bei wirtschaftlichen Einbrüchen. Die Mitgliedschaft eines Landes in der EU erhöht die Bereitschaft, sich in einen anderen EU-Mitgliedstaat zu begeben, erheblich. Die Hauptmotivation für die vorhandene Mobilität ist die Arbeitslosigkeit in Südeuropa und das Lohngefälle zwischen den mittel- und osteuropäischen Mitgliedstaaten und Ländern wie Deutschland (Arpaia et al. 2015; Barslund 2015).

Trotz aller Diskussionen, die die EU-Freizügigkeit mit sich gebracht hat und auch weiterhin bringen wird: In einem Punkt herrscht Konsens in Wissenschaft und Politik gleichermaßen: „Die Arbeitsmobilität innerhalb der EU sei zu niedrig – zu gering, um mehr zum einheitlichen europäischen Arbeitsmarkt denn als bloße Idee beizutragen, zu gering, um die Eurozone nach der Krise wieder ins Gleichgewicht zu bringen" (Barslund 2015: 2). Arbeitskräftemobilität, so der Schluss einer Untersuchung von Auf dem Brinke und Dittrich (2016), kann die makroökonomischen Ungleichgewichte verringern, eine Voraussetzung ist allerdings eine Zunahme der Mobilität.

Dittrich und Spath (2016) gehen davon aus, dass es eine deutliche Diskrepanz zwischen der *de-jure* Freizügigkeit und der *de-facto* Mobilität gibt. Mobilitätsbereite Europäerinnen und Europäer haben nach wie vor eine ganze Reihe von Hürden zu nehmen, die die Arbeitssuche und -aufnahme in einem anderen europäischen Land erheblich erschweren. Sie nennen u. a. die unterschiedlichen nationalen Regelungen bzgl. Sozialleistungen und Rentenansprüchen, die es anzugleichen gilt, die Unzulänglichkeiten der innereuropäischen Arbeitsvermittlung und Sprach- bzw. kulturelle Barrieren. In diesem Zusammenhang schlagen sie die Einführung eines gesetzlich verankerten Anspruchs auf Sprach- und Integrationskurse vor.

Einige Autoren gehen davon aus, dass die erheblichen Unterschiede der Arbeitslosenquoten und des Lohngefälles auch in den nächsten Jahren bestehen werden (Arpaia et al. 2015). Andere Autoren sind allerdings skeptischer, was die zukünftige Entwicklung der Mobilität betrifft, meinen aber, dass gerade daher die innereuropäische Mobilität erheblich gefördert werden muss (Barslund 2015; Barslund et al. 2015). Sie schlagen vor, das europäische Mobilitätsnetzwerk der öffentlichen Arbeitsverwaltung EURES zu modernisieren, die Anerkennung und Übertragbarkeit von Qualifikationen zu verbessern, einen Lernprozess von lokalen und regionalen Mobilitätsinitiativen anzustoßen sowie die fremdsprachlichen Kompetenzen und die allgemeine Datenlage über die innereuropäische Mobilität nachhaltig zu verbessern (siehe dazu auch die Vorschläge von Auf dem Brinke und Dittrich 2016).

Was wären die Folgen für die Volkswirtschaften, im Falle, dass die innereuropäische Mobilität ausbleiben würde? Das Referendum über den Verbleib des Vereinigten Königreichs in der Europäischen Union am 23. Juni 2016 hat einige Studien zu diesem Thema angestoßen. Das Institut für Arbeitsmarkt- und Berufsforschung hat zwei Berichte zu den möglichen Folgen des *Brexit* für die EU-Freizügigkeit und den deutschen Arbeitsmarkt veröffentlicht (IAB 2016a; 2016b). Bezüglich der EU-Freizügigkeit werden unterschiedliche Szenarien durchgespielt; die EU-Freizügigkeit würde in den meisten dieser Optionen unverändert weiterbestehen. Am Beispiel Großbritanniens beziffert das National Institute of Economic and Social Research (2016b) die makroökomischen Folgen einer Einschränkung oder gar eines Wegfalls der EU-Freizügigkeit. Der Einbruch des Bruttoinlandproduktes (BIP) würde zwischen -9 % und -1 % liegen und eine Erhöhung der öffentlichen Ausgaben von jährlich bis zu 1,1 % des BIP.

Was die Folgen einer Aufhebung der Freizügigkeit angeht, scheint sich die Möglichkeit abzuzeichnen, dass sich – ähnlich wie auch in der aktuellen Finanz- und Wirtschaftskrise und in der Phase der Übergangsfristen – die mobilen Arbeitnehmerinnen und Arbeitnehmer umorientieren und sich für andere Länder entscheiden (IAB 2016b; Bertoli et al. 2016).

Eine wichtige Quelle, um den tatsächlichen Umfang der Zuwanderung durch die Arbeitnehmerfreizügigkeit nach Deutschland zu erfassen, ist die regelmäßig erscheinende Publikation der Bundesagentur für Arbeit „Auswirkungen der Migration auf den deutschen Arbeitsmarkt" (2016a). Sie gibt die Entwicklung der Beschäftigung, sozialversicherungspflichtiger Beschäftigung, Arbeitslosigkeit, Arbeitssuche, Leistungsbezug im SGB II, ausschließlich geringfügiger Beschäftigung und erwerbsfähig gemeldeter Personen wieder. Die Zahl der europäischen Staatsangehörigen auf dem deutschen Arbeitsmarkt steigt ungebrochen weiter.

Vor dem Hintergrund der erhöhten Zuwanderung von Asylsuchenden haben sich die Schwerpunkte der Strategien zur Fachkräftesicherung merklich verändert. So ist die Zuwanderung aus der EU und/oder Drittstaaten nicht mehr selbstverständlich auf der politischen Agenda. Mehrere Studien des Instituts der deutschen Wirtschaft Köln (IW Köln) widmen sich der Zuwanderung aus Drittstaaten als Bestandteil einer Strategie, um dem Fachkräftemangel effektiv begegnen zu können, und das trotz der massiven Zuwanderung von Geflüchteten. Darunter untersucht eine Arbeit (Geis & Nintcheu 2016) den Fachkräftemangel in Deutschland nach Branchen und Berufssegmenten. Sie vergleicht die Potenziale von Asylsuchenden und Zugewanderten aus Drittstaaten auf ihre Bedeutung zur Bekämpfung des Fachkräftemangels. Die Studie plädiert dafür, die Arbeitsmarktintegration von Geflüchteten, aber auch die gesteuerte Zuwanderung von Fachkräften zu fördern und auszubauen. Eine weitere Studie des IW Köln (Geis et al. 2016) ergänzt branchen- und berufsbezogene bzw. regionalspezifische Perspektiven um eine Bewertung des zuwanderungsrechtlichen Rahmens und eine Darstellung internationaler Ansätze.

Schließlich beschäftigt sich eine weitere Arbeit mit dem Fachkräftebedarf der regionalen Arbeitsmärkte (Geis & Orth 2016). Die Autoren gehen davon aus, dass sich praktisch alle Zuwanderungsgruppen (EU-Staatsangehörige, Asylsuchende und Drittstaatsangehörige) eher auf städtische Ballungsgebiete konzentrieren. Sie schlagen eine Reihe von Maßnahmen vor, um auch ländliche Regionen attraktiver für Zuwanderinnen und Zuwanderer zu machen, etwa durch eine stärkere Berücksichtigung regionaler Unterschiede bei der Gestaltung des rechtlichen Rahmens der Zuwanderung oder durch eine gezielte Förderung der Zuwanderung in ländlichen Regionen. Zudem regen sie an, gezielte, regionale Informationsangebote für zuwanderungsinteressierte Fachkräfte im Ausland, die Förderung der Auslandsrekrutierung sowie die Ausbildung von Personen bereits in ihren Herkunftsländern zu verstärken.

1.4. Rechte der Arbeitnehmerinnen und Arbeitnehmer

Eines der zentralen Themen der EU-Freizügigkeit ist das der Arbeitsbedingungen, unter denen die mobilen Arbeitnehmerinnen und Arbeitnehmer beschäftigt werden. Nicht nur Drittstaatenangehörige sind von Formen der Ausbeutung betroffen, auch europäische Staatsbürgerinnen und -bürger, die von ihrem Recht auf Freizügigkeit Gebrauch machen, können teilweise Opfer „schwerer Arbeitsausbeutung" werden, indem ihnen der Lohn vorenthalten oder grundlegende Rechte verweigert werden.

Auch die Europäische Union hat sich der Rechte der mobilen Arbeitnehmerinnen und Arbeitnehmer angenommen. Die Agentur der Europäischen Union für Grundrechte mit Sitz in Wien hat 2015 diesen besonders gravierenden Verstößen gegen Arbeitnehmerrechte einen Bericht gewidmet (2015a; 2015b). Dieser Bericht analysiert 217 Fälle, befragte 616 Sachverständige und führte 24 Fokusgruppen durch. Auf der Grundlage dieser Befunde werden Risikofaktoren identifiziert und Vorschläge zur Prävention und Bekämpfung dieser extremen, aber nicht unüblichen Formen der Arbeitsausbeutung formuliert.

Die Europäische Stiftung zur Verbesserung der Lebens- und Arbeitsbedingungen hat eine Untersuchung über die Vermittlungsagenturen, die zu den wichtigsten Akteuren der temporären innereuropäischen Mobilität zählen, veröffentlicht. Wie sehen die nationalen Regulierungen dieser Agenturen aus? Mangelhaft sind zum Teil die grenzübergreifende Zusammenarbeit der Behörden, die Unterstützung der betroffenen Arbeitnehmerinnen und Arbeitnehmer sowie die Einbindung der Sozialpartner. Letzteres stellt nach Ansicht der Autorinnen und Autoren einen zentralen Baustein dar (Eurofound 2016a).

Seit 2015 ist zudem eine Reihe von Arbeiten über die Arbeitsbedingungen von EU-Migrantinnen und -Migranten, gewerkschaftliches Handeln im Rahmen der Zuwanderung von Staatsbürgerinnen und Staatsbürgern der neuen Mitgliedstaaten (Hardy 2015) und Spanien (Montero Lange 2015; Faraco Blanco et al. 2015) veröffentlicht worden.

Anhand von Beispielen aus vier Unternehmen, die in EU-Mitgliedstaaten tätig sind und überdurchschnittlich viele ausländische, auch EU-Arbeitnehmerinnen und -Arbeitnehmer, beschäftigen, arbeiten Altreiter, Fibich und Flecker (2015) problematische Grundzüge und Kernbereiche mobiler Beschäftigung heraus: Unternehmerische Kontrollstrategien und -praktiken (wie etwa die Bereitstellung von Wohnraum), Outsourcing von Anwerbung und Beschäftigung an Dritte und die Deterritorialisierung der Arbeitsbeziehungen.

Die Entsendung von Arbeitnehmerinnen und Arbeitnehmern ist eines der problematischeren Felder der innereuropäischen Mobilität. Begibt sich eine Arbeitnehmerin oder ein Arbeitnehmer individuell in einen anderen EU-Mitgliedstaat, um eine Arbeit aufzunehmen, so gelten die gleichen Regeln wie für seine oder ihre einheimischen Kolleginnen und Kollegen. Anders ist es allerdings, wenn die Vermittlung über eine Agentur erfolgt oder sie bzw. er als entsandte Arbeitnehmerin oder entsandter Arbeitnehmer gilt. Dann sind die Regeln des Herkunftsstaates anzuwenden. Als Sicherheitsnetz gilt lediglich die entsprechende Richtlinie, die Mindestanforderungen vorschreibt, welche nicht unterboten werden dürfen (Lillie & Wagner 2015). Das ist v. a. dann wichtig, wenn ein Unternehmen im Zuge der europäischen Dienstleistungsfreiheit Arbeiter und Arbeiterinnen aus einem Herkunftsland mit deutlich schlechteren Arbeitsbedingungen in einen Mitgliedstaat mit besonders starken Arbeitnehmerrechten versendet.

Besonders problematisch sind folgende Bereiche: Die Arbeitsbedingungen und Bezahlung der entsandten Arbeitnehmerinnen und Arbeitnehmer, die anzuwendende Gesetzgebung, die Regulierung der Vermittlungsagenturen, das Spannungsverhältnis zwischen den wirtschaftlichen Freiheiten, die Durchsetzung von Arbeitnehmerrechten und die Überprüfbarkeit der korrekten Anwendung der entsprechenden Richtlinie (Cremers 2015). Eine besondere Herausforderung ist zudem das Zusammentreffen von mobilen Arbeitnehmerinnen und Arbeitnehmern und Unternehmen, d. h. zwei Arbeitsmarktakteuren, die sich jeweils in mindestens zwei Rechtssystemen bewegen (Altreiter et al. 2015). Besonders deutlich wird hier der Konflikt zwischen der Dienstleistungsfreiheit und dem Grundrecht auf Freizügigkeit. Die Auswirkungen auf lokale und regionale Wirtschaften können erheblich sein, wenn im Zuge der Dienstleistungsfreiheit Arbeiternehmerinnen und Arbeitnehmer entsandt werden, die unter schlechteren Bedingungen arbeiten, als ihre einheimische Kolleginnen und Kollegen.

Die Arbeitnehmerentsendung ist fest eingebunden in die Umstrukturierung und die daraus folgende Dualisierung der Arbeitsmärkte der europäischen Mitgliedstaaten. Auch in Deutschland sind entsandte Arbeitnehmerinnen und Arbeitnehmer inzwischen fester Bestandteil des Geschäftsmodells mancher Branchen (Wagner 2015b); zum Beispiel in der Bauindustrie und in der Fleischindustrie (Lillie & Wagner 2015; Wagner 2015a; Danaj & Sippola 2015). Insgesamt wurden 2014 europaweit etwa 1,45 Mio. Bescheinigungen über die Entsendung ausgestellt, besondere Bedeutung hat der Bausektor, mit schwer zu beziffernden, aber möglichen negativen Auswirkungen auf die lokalen Arbeitsmärkte, Steuereinnahmen und die Wettbewerbssituation lokaler Arbeitgeber (De Wispelaere & Pacolet 2016).

Auffallend ist die überdurchschnittliche Bedeutung der Entsendung und der Selbstständigkeit von Staatsangehörigen der neuen Mitgliedstaaten in all jenen Staaten, die von der Möglichkeit Gebrauch gemacht haben, Übergangsfristen in Anspruch zu nehmen. Vieles deutet darauf hin, dass beide Formen der Beschäftigung zum Teil Wege waren, um die vorübergehenden Einschränkungen des Rechts auf Freizügigkeit zu umgehen (Galgóczi & Leschke 2015a). Dieses Phänomen wird in der Wissenschaft „front door / back door principle" genannt (De Wispelaere & Pacolet 2016: 10).

Einige Artikel beschäftigen sich mit gewerkschaftlichen Strategien im Kontext der Zunahme der Zuwanderung aus Osteuropa in das Vereinigte Königreich (vgl. Hardy 2015) oder von Südeuropa nach Deutschland (vgl. Montero Lange 2015). Alle nationalen Gewerkschaften in Europa setzen sich mit der innereuropäischen Mobilität auseinander. Gemeinsame Themen sind z. B. die Diskussionen über vermeintliche Verdrängungseffekte auf den nationalen Arbeitsmärkten durch die Zuwanderung innereuropäischer Arbeitnehmerinnen und Arbeitnehmer, die Notwendigkeit, der Prekarisierung der Arbeitsverhältnisse Einhalt zu gebieten und die Neuzugewanderten zu organisieren bzw. ihre Belange zu vertreten. Die gewerkschaftlichen Ansätze sind unterschiedlich und von den jeweiligen nationalen Traditionen geprägt. Sie gehen von konkreten Vereinbarungen mit Arbeitsvermittlern (Hardy 2015) und dem Aufbau eigener Beratungsstrukturen an der Peripherie gewerkschaftlicher Organisationen (Montero Lange 2015) über die Zusammenarbeit mit Organisationen in den Herkunftsländern (Hardy 2015) bis hin zum Aufbau breiter Bündnisse mit zivilgesellschaftlichen Organisationen (Wagner 2015a).

Am Beispiel der entsandten Arbeitnehmerinnen und Arbeitnehmer der deutschen Fleischindustrie schildert Wagner (2015a) den Aufbau eines solchen Bündnisses, ein Novum im deutschen Kontext, aber übliche Praxis in anderen europäischen Mitgliedstaaten. Ein weiteres Beispiel für die Organisierung von entsandten Arbeitnehmerinnen und Arbeitnehmern schildert Berntsen (2015). Es handelt sich dabei hauptsächlich um polnische Arbeitnehmerinnen und Arbeitnehmer, die in niederländischen Supermärkten tätig sind, dort vor allem in der Logistik. Berntsen (2015) gibt die Sichtweise der Arbeitnehmerinnen und Arbeitnehmer und der gewerkschaftlichen Vertreterinnen und Vertreter wieder. Weiterhin schildert er die Herausforderungen sowie die Interessen der Stammbelegschaft und wie diese mit denen der hochmobilen, temporären Beschäftigten in Einklang zu bringen sind. Ähnliches berichten Berntsen und Lillie (2015) in ihrer Untersuchung über die Erfahrungen niederländischer Gewerkschaften im Bausektor. Den Gewerkschaften fällt es immer wieder schwer, gleiche Rechte für die entsandten Arbeitnehmerinnen und Arbeitnehmer durchzusetzen, punktuelle Erfolge werden nur durch einen massiven Einsatz von Ressourcen erzielt.

Generell ist die Organisierung von neuzugewanderten europäischen Staatsangehörigen für die Gewerkschaften eine Herausforderung. Pries und Shinozaki entwickeln Empfehlungen für gewerkschaftliches Handeln im Bereich der innereuropäischen Mobilität:

„Grenzüberschreitend könnten flexible Kooperationsformen zwischen Gewerkschaften und anderen zivilgesellschaftlichen Organisationen entlang von Wertschöpfungsketten, Arbeitsmigrations- und -konfliktverläufen netzwerkförmig gestaltet und systematisch moderiert werden. Die gewerkschaftliche Bildungsarbeit könnte erheblich intensiviert werden hinsichtlich des Wissens über globale und transnationale Zusammenhänge, bezüglich von Sprach- und interkulturellen Kompetenzen. Gerade über diese Ressourcen verfügen Arbeitsmigrantinnen und -migranten bereits [...]. Damit wären sie also ideale Zielgruppen für gewerkschaftliche Rekrutierungsstrategien" (Pries & Shinozaki 2015: 381).

Die Schwierigkeiten, die innereuropäisch mobilen Arbeitnehmerinnen und Arbeitnehmer zu organisieren, liegen allerdings nicht nur in externen Faktoren, sondern auch in der eigenen Einstellung. Nicht wenige EU-Staatsbürgerinnen und -bürger nehmen das Recht auf Freizügigkeit zwar auch als Chance wahr. Darüber hinaus ist es für viele schlichtweg eine „economic survival strategy in times of recession" (Mešić & Woolfson 2015: 40). Mešić & Woolfson (2015) beschreiben am Beispiel der saisonal beschäftigten bulgarischen Roma in Schweden die Schwierigkeiten, die Gewerkschaften haben, diese Gruppe angemessen zu vertreten. Zwei Probleme sind dabei ausschlaggebend: Die kurze Dauer des Aufenthaltes und die unklaren Beschäftigungsverhältnisse, die es oftmals erschweren, ein eindeutiges Arbeitgeber-Arbeitnehmer-Verhältnis nachzuweisen.

Thörnqvist und Bernhardsson (2015) liefern uns die Perspektive von entsandten polnischen Arbeitnehmerinnen und Arbeitnehmern in Schweden. Vorherrschend sind das Bewusstsein, unfairen Arbeitsverhältnissen ausgesetzt sowie das Gefühl relativ machtlos zu sein; dann auch die Unkenntnis über die eigenen Rechte und die dazugehörigen Normen sowie das Ziel, durch den Aufenthalt in Schweden individuell sehr unterschiedliche Lebensprojekte in Polen zu finanzieren.

Der Vergleich mit den Beschäftigungsverhältnissen im Herkunftsland, der Mangel an Information und die Isolierung, in der sich viele dieser Arbeitnehmerinnen und Arbeitnehmer befinden, erschwert kollektives Handeln (Pries 2015). Eine aktuelle Untersuchung aus dem Vereinigten Königreich (vgl. Barnard & Ludlow 2016) belegt, dass Arbeitnehmerinnen und Arbeitnehmer aus den neuen Mitgliedstaaten sich deutlich seltener an Arbeitsgerichte wenden, um ihre Rechte einzuklagen. Sie haben erhebliche sprachliche Schwierigkeiten und es mangelt ihnen offensichtlich an Informationen über ihre Rechte, das Verfahren sowie Stellen und Organisationen, die sie unterstützen könnten.

Barslund und Busse (2016) weisen darauf hin, dass v. a. auch grenzüberschreitend tätige kleinere und mittlere Unternehmen einen deutlichen Mangel an Informationen und Sprachkenntnissen haben. Die nationalen Arbeitgeberverbände in den Zielländern haben ebenfalls erhebliche Schwierigkeiten, diese Unternehmen zu organisieren.

1.5. Die Arbeitsmarktintegration der europäischen Arbeitnehmerinnen und Arbeitnehmer

Eine weitere Frage, die sich die Wissenschaft stellt, ist die nach der Qualität der Arbeitsmarktintegration. Finden neuzugewanderte EU-Staatsbürgerinnen und -bürger eine Beschäftigung, die ihrer Qualifikation entspricht? Funktioniert der Zugang der mobilen europäischen Arbeitnehmerinnen und Arbeitnehmer zu den Arbeitsmärkten in den Zielländern?

EU-10- und EU-2-Migrantinnen und -Migranten[3] werden häufig unterhalb ihres Qualifikationsniveaus beschäftigt, d. h. sie üben Tätigkeiten aus, die bei Weitem nicht ihren Qualifikationen entsprechen. Leschke & Galgóczi (2015: 336) sprechen daher von einem „ungenutzten Humankapital", eine „der größten Herausforderungen [...] mit denen die EU-interne Arbeitskräftemobilität konfrontiert ist [...]".[4]

Dies drückt sich auch in der Lohnstruktur der EU-Staatsangehörigen in Deutschland aus. Der Anteil der Arbeitnehmerinnen und Arbeitnehmer aus der EU-10 und der EU-2, die im Niedriglohnsektor tätig sind, liegt deutlich über dem Durchschnitt. Besonders prägnant ist dies bei den Staatsangehörigen der jüngsten Mitgliedstaaten, von denen mehr als die Hälfte einen Niedriglohn beziehen und zwar in Positionen, für deren Ausübung qualifiziertes Fachwissen eine Voraussetzung ist (Burkert 2015a; 2015b).

Eine Publikation der Friedrich-Ebert-Stiftung (Schellinger 2015) untersucht die aktuelle innereuropäische Mobilität anhand der Fragestellung eines

---

[3] EU-10-Staaten (Estland, Lettland, Litauen, Malta, Polen, Slowakei, Slowenien, Tschechien, Ungarn und Zypern) sind am 01.05.2004 der Europäischen Union beigetreten, die EU-2-Staaten (Rumänien und Bulgarien) am 01.01.2007.
[4] Siehe hierzu auch: Galgóczi & Leschke 2015a und 2015b.

„Brain-Drains" oder „Brain-Gains". Mehrere Artikel beschäftigen sich mit der Situation in den Zielländern Großbritannien und Deutschland und den Herkunftsländern Polen, Ungarn, Lettland, Spanien und Portugal. Teney und Siemsen (2015) weisen am Beispiel der Zuwanderung nicht-deutscher Ärztinnen und Ärzte und der Abwanderung von deutschen Ärztinnen und Ärzten nach, dass Brain-Drain und Brain-Gain sich die Waage halten. Letztlich würden nur die Gewerkschaften vor der Gefahr einer ungleichgewichtigen innereuropäischen Mobilität warnen. Kaczmarzyk (2015) untersucht die Entwicklung in Polen. Er räumt zwar ein, dass Mobilität nicht per se auf lange Sicht negativ für die Herkunftsländer sein muss, weist jedoch darauf hin, dass die tatsächliche Qualität der Beschäftigung in den Zielländern ausschlaggebend ist. Handelt es sich hauptsächlich um Arbeitsplätze, für die die ausländischen Arbeitnehmerinnen und Arbeitnehmer überqualifiziert sind, wird diese Form der Mobilität auf lange Sicht negative Effekte in den Ziel- und den Herkunftsländern haben, da:

„(i) it leads to inefficient utilisation of human capital (across the EU), a phenomenon commonly known as brain waste;

(ii) it creates little incentive to invest in human capital (which is important in the context of brain gain [...]);

(iii) it may (negatively) affect the future integration prospects of resident immigrants; and

(iv) it remains an open question what the long-term impact of the mobility of highly qualified labour will be on the Polish economy and society" (Kaczmarzyk 2015: 42).

Moreno-Torres (2015) zeichnet die Debatte über die Ursachen und Folgen der verstärkten Mobilität in Folge der Krise nach. Sie weist darauf hin, dass die Mobilität und Migration von spanischen Staatsbürgerinnen und Staatsbürgern begrenzt ist und auch, angesichts der hohen Zahl an Arbeitslosen, kaum zu Engpässen auf dem Arbeitsmarkt führen wird. Allerdings gibt es Branchen und Bereiche, wie etwa die Forschung und das Gesundheitswesen, in denen sich die Abwanderung von hoch qualifizierten Fachkräften bemerkbar macht. Das kann negative Auswirkung auf Investitionen und Produktivität mit sich bringen sowie, auf lange Sicht, ein ungünstiges Verhältnis von Beitragszahlenden und Rentenbeziehenden zur Folge haben. Dies könnte jedoch wiederum durch Rücküberweisungen der Migrierten und mobilen Arbeitnehmerinnen und Arbeitnehmer, dem Aufbau von Netzwerken und den Rückkehrenden ausgeglichen werden.

Galgóczi und Leschke (2015b) schlagen vor, das Prinzip der „fairen Mobilität" zu einem der vorrangigen Ziele der Europäischen Union zu erklären. Darüber hinaus sollte die grenzüberschreitende Tätigkeit der öffentlichen Arbeitsverwaltung erheblich verbessert, die Anerkennung von Abschlüssen etabliert und die Beratung und Unterstützung mobiler EU-Arbeitnehmerinnen und -Arbeitnehmer durch die Einrichtung von stabilen Strukturen gefördert werden, um so besser vor Ausbeutung zu schützen.

Mehrere Studien von Minor – Projektkontor für Bildung und Forschung e. V. untersuchen die Arbeitsmarktsituation verschiedener Gruppen von Bürgerinnen und Bürgern aus EU-Staaten (Spanien, Italien, Frankreich, Polen, Rumänien, Bulgarien und Italien) in Berlin und Deutschland (Pfeffer-Hoffmann 2014; 2015a; 2015b; 2016; Pfeffer-Hoffmann et al. 2015; Minor – Projektkontor für Bildung und Forschung e. V. 2016). Obwohl die Situationen der einzelnen *Communities* durchaus unterschiedlich sind, lässt sich festhalten, dass insgesamt die Vorbereitung im Vorfeld der Mobilität ungenügend ist, im Zielland selber v. a. auf informelle Wege der Arbeitssuche zurückgegriffen wird und die größten Herausforderungen bei der Arbeitssuche netzwerkbedingt, sprachbezogen oder auf einen Mangel an „kulturell"-relevanten Kenntnissen (wie z. B. in Bezug auf die landestypischen Bewerbungsgepflogenheiten) zurückzuführen sind.

Der Sammelband Fachkräftesicherung durch Integration zuwandernder Fachkräfte aus dem EU-Binnenmarkt (Pfeffer-Hoffmann 2016) stellt die Ergebnisse einer Studie von Minor vor, die die Arbeitsmarktintegration von Personen ausgewählter EU-Staaten in Berlin untersucht. Der Band schließt mit einer Reihe von konkreten Handlungsansätzen, die die Arbeitsmarktintegration dieser Zielgruppe erheblich beschleunigen könnten.

In diesem Zusammenhang ist die kürzlich veröffentlichte Dokumentation der Tagung „Neuzuwanderung aus Südosteuropa. Praxismodelle aus deutschen Städten" (Minor – Projektkontor für Bildung und Forschung e.V. 2016) interessant. Auch diese Publikation enthält eine Reihe von hilfreichen Praxiserfahrungen, die die Arbeitsmarktintegration von neuzugewanderten EU-Bürgerinnen und -Bürgern zum Ziel haben.

Moldes Farelo und Gómez Sota (2015) haben das Profil spanischer neuzugewanderter Arbeitnehmerinnen und Arbeitnehmer in Deutschland untersucht. Zu diesem Zweck haben sie Interviews durchgeführt und kommen zu dem Schluss, dass sie eine äußerst heterogene Gruppe bilden. Die befragten Neuzugewanderten unterschieden sich hauptsächlich durch ihre Netzwerke, Sprachkenntnisse und individuellen Chancen auf dem deutschen Arbeitsmarkt. Anhand dieser unterschiedlichen Ausprägungen wurden verschiedene Typen von Mobilitätsprojekten spanischer, mobiler Arbeitnehmerinnen und Arbeitnehmer gebildet (unsicher, temporär/mobil, gesteuert). Das gesteuerte Projekt, das sich v. a. in Branchen und Berufen abspielt, die einen eindeutigen Fachkräftemangel aufweisen, zeichnet sich durch gezielte Anwerbung durch die Arbeitgeber oder durch den Zugang zu Förderprogrammen oder transnationalen Matchingprozessen, etwa durch das EURES-Netzwerk, aus und bietet zudem die größten Chancen einer ausbildungsadäquaten Beschäftigung.

Ein Blick in andere europäische Länder verdeutlicht, dass auch dort die innereuropäische Migration nach wie vor ein Thema ist, über das diskutiert und geforscht wird, sei es über die Gründe für die innereuropäische Einwanderung in bestimmte Länder, wie Großbritannien (The Migration Observatory at the University of Oxford 2016) oder die Zunahme der Fortzüge trotz einer Verbesserung der wirtschaftlichen Lage, wie im Falle Portugals (Eurofound 2016b). Die Autoren des Berichts über Großbritannien stellen fest, dass die hohe Arbeitslosigkeit in Südeuropa, die Einkommensunterschiede im Vergleich zu den osteuropäischen Mitgliedstaaten, bereits vorhandene Sprachkenntnisse der Zuwanderungsinteressierten sowie bestehende Netzwerke von Migrantinnen und Migranten entscheidend für die Auswahl des Ziellandes sind. Der kurze Bericht über die portugiesische Auswanderung kommt jedoch zu dem Schluss, dass die hohe Arbeitslosigkeit keinesfalls der einzige Grund ist, das Land zu verlassen. Hinzu komme auch noch die zunehmende Prekarisierung des portugiesischen Arbeitsmarktes, die besonders für hoch qualifizierte Fachkräfte, wie Forscherinnen und Forscher und auch für Pflegepersonal, ausschlaggebend ist für die Entscheidung, in einem anderen europäischen Land Arbeit zu suchen.

1.6. Der Zugang zu Sozialleistungen

Der Zugang von europäischen Neuzugewanderten zu Sozialleistungen ist in vielen Staaten der EU ein intensiv diskutiertes Thema, nicht zuletzt in Großbritannien im Vorfeld des Brexit-Referendums. Auch in Deutschland war und ist dies nach wie vor ein zentrales Thema. Die Debatte schwankt zwischen dem Hinweis auf die Vorteile einer verstärkten Zuwanderung aus der EU und Warnungen vor einer Zuwanderung mit dem ausschließlichen Ziel, Zugang zu Sozialleistungen zu erhalten (Absenger & Blank 2015).

Einen wichtigen Beitrag zur Versachlichung der Debatte hat die Europäische Stiftung zur Verbesserung der Lebens- und Arbeitsbedingungen mit einer breit angelegten Untersuchung über die Auswirkungen der innereuropäischen Mobilität auf die öffentlichen Dienstleistungen geliefert (Eurofound 2015a; 2015b). Die Kernfrage war, ob die Wohlfahrtssysteme in der EU-15 eine Magnetwirkung auf Staatsangehörige der EU-10 ausüben und ob diese die Sozialleistungen und die Sozialdienste überproportional in Anspruch nehmen. Die Studie zeigt auf, dass die EU-10-Staatenangehörigen insgesamt Sozialleistungen und öffentliche Leistungen weniger in Anspruch nehmen als die einheimische Bevölkerung; außer einige ganz konkrete Leistungen, wie etwa die, die mit dem Arbeitsmarkt in Verbindung stehen und in der Regel an vorherige Beitragszahlung gekoppelt sind (Arbeitslosengeld oder sonstige Leistung für Erwerbstätige). Die Dienstleistungen der Arbeitsvermittlung werden häufiger in Anspruch genommen, die des Gesundheitssystems jedoch seltener. Oftmals entsteht der Bedarf an Sozialleistungen auch durch die prekären Beschäftigungsverhältnisse. Möglicherweise kann eine verstärkte Inanspruchnahme des Bildungssystems etwa wegen der Zusammensetzung der Schulklassen zu Spannungen führen, wohingegen Sozialwohnungen weniger beansprucht werden. Problematisch erscheint insbesondere, dass sich für viele neuzugewanderte Bürgerinnen und Bürger der EU-10 der Zugang zu den Sozialleistungen und öffentlichen Dienstleistungen schwierig gestaltet. Ausschlaggebend sind die Unzulänglichkeiten der Arbeitsvermittlung, die mangelnden Kenntnisse der jeweiligen Landessprache und fehlende Informationen über das Sozialsystem. Empfohlen wird eine Verbesserung der Arbeitsvermittlung sowie der vorhandenen Daten, die Einrichtung eines eigenen EU-Fonds zur Förderung der Integration europäischer Staatsbürgerinnen und Staatsbürger (etwa durch Finanzierung einer Beratungsstruktur und Sprachkurse), eine bessere finanzielle Ausstattung der Kommunen, Unterstützung für die Migrantenorganisationen sowie ein stärkeres Engagement der EU bei der Sprachförderung innereuropäischer Migrantinnen und Migranten.

1.7. Staatliche Zuwanderungspolitik

Daran schließt sich die Frage an, wie staatliche Zuwanderungspolitik möglichst effektiv gestaltet werden kann. Kann der Staat Zuwanderungsströme lenken oder geht es nicht eher darum, Anreize zu schaffen? Die Gestaltung von Zuwanderungspolitik fällt nach wie vor in die Zuständigkeit der Nationalstaaten. Transnationale, multilaterale und internationale Vereinbarungen haben nur eine sekundäre Bedeutung. Die Rolle zentralstaatlicher, regionaler und kommunaler Akteure bei der Gestaltung von Migration und Integration rückt daher stärker in den Fokus der Wissenschaft. In der Zeitschrift *International Migration* der International Organisation of Migration finden sich mehrere Artikel zu diesem Thema. Am Beispiel Großbritanniens wird eindrucksvoll die geringe Effizienz einiger Migrationspolitiken belegt und am Beispiel Schwedens die negativen bzw. nicht intendierten Folgen eines Paradigmenwechsels in der Zuwanderungspolitik. Hofman, Carboni, Mitchneck und Kuznetsov (2016) untersuchen die Migrationspolitik des Vereinigten Königreichs, die explizit auf die Eindämmung des Bevölkerungswachstums durch eine Einschränkung der Zuwanderung setzt, und damit eine Ausnahme im europäischen Kontext darstellt. Die restlichen Mitgliedstaaten sehen in der Migration eher ein nützliches Instrument, um der Alterung der Bevölkerung durch den demografischen Wandel zu begegnen (Hofman et al. 2016). Die Autoren und Autorinnen unterstreichen die doch sehr eingeschränkte Effizienz der verschiedenen Maßnahmen, die letztlich nur zu einer sehr geringen Reduzierung der Zuwanderung geführt haben. Emilsson (2016) setzt sich kritisch mit der Zuwanderungspolitik Schwedens auseinander, die 2008 einen paradigmatischen Richtungswechsel erfahren hat. Sie richtet sich nunmehr stark an der Nachfrage nach Arbeitskräften aus, während sie vor dieser Wende auf die staatliche Lenkung und Auswahl von geeigneten Migrantinnen und Migranten setzte (Emilsson 2016). Der schwedische Staat spielt bei der Gestaltung dieser Zuwanderungspolitik nur noch eine marginale Rolle, seit er einen erheblichen Teil seiner Zuständigkeiten an die Arbeitgeber und Arbeitgeberinnen übertragen hat. Sie sind es, die die Anwerbung nun maßgeblich lenken.

Ist die Regulierung der Zuwanderung durch diesen Politikwechsel effektiver geworden? Findet die Anwerbung passgenauer statt? Emilsson (2016) kommt zu dem Schluss, dass dies nicht der Fall ist. Drittstaatsangehörige wandern verstärkt den Branchen zu, in denen gar kein Fachkräftebedarf besteht, und werden schlecht entlohnt. Zu ähnlichen Schlussfolgerungen kommen Parusel und Tamas (2016) in einem Artikel für die International Organisation for Migration. Sie weisen darauf hin, dass eine der Folgen des Systemwechsels in Schweden die Rechtsunsicherheit der ausländischen Arbeitnehmerinnen und Arbeitnehmer ist. Dies könne daran liegen, dass sie bis zu zwei Jahre an einen Arbeitsplatz gebunden sein können, an dem relativ schwachen gewerkschaftlichen Organisationsgrad in einigen Branchen und den mangelhaften Ressourcen zur Durchsetzung ihrer Rechte. Eine Studie des Centre on Migration, Policy and Society der University of Oxford (Börang & Cerna 2016) sieht in der Schwäche der Gewerkschaften sogar den Hauptgrund für den Richtungswechsel der schwedischen Migrationspolitik, denn erst dadurch sei der Widerstand gegen eine Liberalisierung der Zuwanderungsregelung erheblich gesunken.

Cangiano (2016) untersucht die Migrationspolitik des Vereinigten Königreichs und hebt ihr Alleinstellungsmerkmal im europäischen Kontext (Eindämmung des Bevölkerungswachstums) sowie auf die doch sehr eingeschränkte Effizienz der verschiedenen Maßnahmen hervor.

Welche Voraussetzungen muss Zuwanderungspolitik erfüllen, um sowohl den Migrantinnen und Migranten als auch für die Ziel- und Herkunftsländer gleichermaßen nützlich zu sein? Der Sachverständigenrat deutscher Stiftungen für Integration und Migration beschäftigt sich ausführlich mit der Frage wie Migration im globalen Kontext geregelt ist, um tatsächlich einen Beitrag zur Entwicklung der Herkunftsländer zu leisten bzw. wie und wo sich Deutschland in diesem internationalen Gefüge verortet (SVR 2016). Denn „fair ist Migration", so heißt es im Vorwort der Bertelsmann Stiftung in dieser Studie, „nach dieser Auffassung dann, wenn sie die Interessen der Herkunftsländer, die der Zielländer und nicht zuletzt die der Migranten selbst angemessen berücksichtigt" (SVR 2016: 4). Diese Studie benennt Kriterien für eine faire Mobilität, beschreibt das institutionelle Gefüge internationaler Migrationssteuerung und lotet aus, in welchem Rahmen die Bundesrepublik Deutschland sich als Global Player positionieren kann. Die Bundesregierung, so das Fazit, sollte Migrationspolitik zu einer Querschnittsaufgabe aller relevanten Ministerien machen, die sich an migrationspolitischen Leitlinien ausrichten soll und einer konsequenteren Koordination aller Ressorts unterliegt. Zudem erscheine es sinnvoll, die Zusammenarbeit mit den Herkunfts- und Transitstaaten voranzubringen. Deutschland befände sich derzeit international in einer hervorragenden Position, um diese Prozesse voranzubringen und zu gestalten.

1.8. Die Unterstützung von Zugewanderten

Integrationspolitik spielt sich letztlich immer auf der regionalen und lokalen Ebene ab. Riemsdijk (2016) belegt dies am Beispiel der Skalierung der Zuwanderungspolitik Norwegens, d. h. ihrer Verortung in einem Mehrebenensystem und der Bedeutung von Netzwerken für ihr Gelingen.

Wie kann die Unterstützung der Zugewanderten konkret gestaltet werden? Der Ausschuss der Regionen der Europäischen Union (2016) hat eine ausführliche Studie veröffentlicht, die Beispiele regionaler guter Praxis in drei Themenfeldern vorstellt: Attraktivität der Regionen für ausländische Arbeitnehmerinnen und Arbeitnehmer, Bindung sowie Förderung bzw. Unterstützung mobiler Arbeitskräfte. Das Netzwerk Eurocities (2016) untersucht inwiefern die Mitgliedsstädte die Grundsatzerklärung „Integrating Cities Charter" in vier Bereichen umsetzen: Kommunen als Politikgestalter, Dienstleister, Arbeitgeber und Vertragspartner von Dienstleistern. Zwar rücken einige Kommunen davon ab, spezifische Programme für Migrantinnen und Migranten aufzulegen. Dennoch ist es nach wie vor ein explizites Ziel vieler Kommunen die Integrationshürden, die in den Unterschieden der Zugewanderten zu den Bürgerinnen und Bürgern der Zielgesellschaft begründet sind, zu überwinden. Allerdings sind die finanziellen Spielräume vieler Kommunen durch die Krise stark eingeschränkt. Als Politikgestalter haben sich die Kommunen durch ihr klares Commitment für die Integration von Migrantinnen und Migranten und für eine Willkommenskultur hervorgetan. Als Dienstleister sind die Kommunen dabei, ihre Angebote den neuen Herausforderungen anzupassen. Zwar nehmen die Kommunen ihre Verantwortung als Arbeitgeber wahr, indem sie eigene Anti-Diskriminierungs- und Gleichstellungsstrategien auflegen, sie tun sich aber noch schwer damit, Zugewanderte einzustellen. Die Rolle der Kommunen als Vertragspartnerinnen von Unternehmen erscheint problematisch, denn noch werden Unternehmerinnen und Unternehmer mit einem Migrationshintergrund nicht ausreichend berücksichtigt.

Michaela Dälken (2016) hat in einer Studie für das Projekt Faire Mobilität des DGB-Bundesvorstandes die statistische Entwicklung der Zuwanderung nachgezeichnet und anhand von Experteninterviews eine Bestandsaufnahme gewerkschaftlicher Beratungsstrukturen erstellt. Abschließend entwickelt sie Handlungsempfehlungen, die auf eine Ausweitung des gewerkschaftlichen Beratungsnetzwerkes und der Sprachkompetenzen der Beraterinnen und Berater, des inhaltlichen Beratungsspektrums sowie auf eine Verbesserung der Informationsmaterialien und der Öffentlichkeitsarbeit abzielen, um die Situation für mobile Arbeitskräfte aus der EU in Deutschland durch größere Rechtssicherheit und größeren Rechtsschutz zu verbessern.

1.9. Fazit

Eingangs wurden drei äußerst verbreitete Annahmen vorgestellt, die eine Beschäftigung mit der EU-Freizügigkeit rechtfertigen:

- Die Infragestellung des Grundrechts auf Freizügigkeit unter Verweis auf die vermeintlich unberechtigte Inanspruchnahme von Sozialleistungen durch europäische Staatsbürgerinnen und Staatsbürger;
- Die Annahme, EU-Freizügigkeit stelle kein Handlungsfeld für staatliches Handeln dar, da die Mobilität europäischer Arbeitnehmerinnen und Arbeitnehmer quasi automatisch vonstattenginge;
- Die Annahme, die Rechte europäischer Arbeitnehmerinnen und Arbeitnehmer seien durch den Grundsatz der Gleichbehandlung bereits ausreichend geschützt.

Die Durchsicht der aktuellen Forschung über die verschiedenen Aspekte belegt die Bedeutung, die die europäischen Staatsbürgerinnen und Staatsbürger dem Recht auf Freizügigkeit beimessen. Die mobilen europäischen Arbeitnehmerinnen und Arbeitnehmer sind nach wie vor die größte Zuwanderungsgruppe nach Deutschland. Es herrscht Konsens in der Forschung, dass die Förderung der Mobilität und der Integration europäischer Neuzugewanderter ein zentrales Feld staatlichen Handelns zu sein hat und Zuwanderung insgesamt, aber eben auch die aus den anderen Mitgliedstaaten der EU, ein entscheidender Baustein für die Bekämpfung des Fachkräftemangels in Deutschland sein kann.

Konsens ist auch, dass mobile Arbeitnehmerinnen und Arbeitnehmer ihre Rechte keineswegs selbstverständlich wahrnehmen können. Sie unterliegen zwar nicht den Restriktionen des allgemeinen Ausländerrechts, sind nichtdestotrotz aber teilweise schweren Formen der Arbeitsausbeutung ausgesetzt. Gewerkschaften suchen nach Wegen, um die Rechte dieser mobilen Arbeitnehmerinnen und Arbeitnehmer durchzusetzen. Die Hürden, die es zu nehmen gilt, sind vielfältig und teilweise auch in der eigenen Organisationsgeschichte und -struktur der Arbeitnehmervertretungen zu suchen.

Angesichts der hier vorgestellten Untersuchung scheint die Annahme, dass die ungleiche Ausgestaltung der europäischen Sozialstaaten zu einer Zuwanderung in Sozialsysteme führe, nicht haltbar. Sicherlich nehmen innereuropäische Mobile einige Sozialleistungen überproportional in Anspruch. Dies erklärt sich jedoch v. a. aus migrationsspezifischen Bedürfnissen und dem nach wie vor schwierigen Zugang zum Arbeitsmarkt in den Zielländern.

Vor diesem Hintergrund erscheint es umso dringlicher, starke und effiziente Strukturen in den Zielländern aufzubauen, die die Integration der neuzugewanderten, europäischen Staatsbürgerinnen und Staatsbürger vorantreiben. Es wundert nicht, dass viele der hier aufgeführten Beispiele kommunal verankert sind, denn schließlich spielt sich Integration lokal ab; manchmal können noch kleinere Einheiten, wie etwa das Quartier, der Schauplatz gelungener Integrationsstrategien sein.

2. Kommunale Integrationsstrategien: Entwurf eines communityzentrierten Ansatzes

Miguel Montero Lange, Judy Korn

Dieses Kapitel beschäftigt sich mit kommunalen Integrationsstrategien im Spannungsfeld globaler Wirtschaftsräume sowie restriktiver finanzieller und rechtlicher Rahmenbedingungen.

2.1. Einleitung

Kommunale Integrationspolitik spielt eine entscheidende Rolle für die Integration von Migrantinnen und Migranten. Kommunen sind mehr als nur eine dem Zentralstaat oder der Region untergeordnete Verwaltungsebene. Es handelt sich um eine Sphäre der Politik, die nicht nur näher an den Bürgerinnen und Bürgern ist, sondern auch stärker von ihnen beeinflusst werden kann (Gebhardt 2015).

Mehrere Gründe sprechen für eine zentrale Rolle von Kommunen. Erstens, ihre Nähe zu den Politiken, die sie entwickeln. „Cities have the best vantage point from which to observe and understand which policies work and which do not. Cities, too, end up managing the consequences of problems that are not addressed at a higher level" (Gebhardt 2014: 2). Zweitens findet Zuwanderung hauptsächlich in Städten statt. Dies setzt Kommunen unter Zugzwang, eigene Politiken zu entwickeln. „The density of urban immigrant communities has often prompted cities to react earlier to immigrants' needs and to follow different approaches than national governments" (Gebhardt 2014: 3). Drittens werden die meisten Politiken, die die Arbeitsmarktintegration von Migrantinnen und Migranten zum Ziel haben, lokal umgesetzt, die Instrumente dieser Politiken greifen auf lokale Ressourcen zurück. „Their de facto inclusion in the citizenship system depends greatly on decisions, organizational processes and ordinary practices that are developed locally, in the education system, in housing policies, in assistance to families in difficulty and in employment services" (Ambrosini 2013: 137).

In den Städten entscheiden sich die Fragen der Zugehörigkeit und des *Citizenship*. „To talk about being a citizen is to talk about cities. It is in the city that we live as civic beings: it is the urban environment that provides us with the minute by minute sense that we belong or do not belong to something called political society" (Vertovec 1998: 189).

Kommunale Integrationspolitiken können die unterschiedlichsten Bereiche abdecken: Status, Orientierung, soziale Rechte, der Zugang zu Regeldiensten, Bildung, Arbeit, Wohnen, Gesundheit, Identität (Gebhardt 2015). Zusätzlich kommen noch wirtschaftliche Aspekte hinzu, die über das rein materielle Wohlbefinden hinausgehen, und den Aufbau von sozialen Netzwerken, sozialem Kapital und lokalen Communities betreffen (Gebhardt 2015). Immer mehr Kommunen entwickeln lokale Wirtschaftspolitiken, die Diversität und ihre wirtschaftlichen Folgen berücksichtigen (Syrett & Sepulveda 2012).

Kommunale Integrationspolitik kann zumindest teilweise einen Beitrag dazu leisten, dass Migrantinnen und Migranten und auch die Zielgesellschaft erfolgreich politisches und zivilgesellschaftliches Kapital akkumulieren können, wie es etwa Ginieniewicz definiert. Zivilgesellschaftliches Kapital wird hier als die Fähigkeit verstanden, das Wohl der Gesellschaft zu fördern, politisches Kapital ist die Fähigkeit, politische Entscheidungen und Strukturen zu beeinflussen (Ginieniewicz 2012).

Kommunale Integrationspolitiken werden entlang dreierlei Achsen entwickelt: Erstens der politisch-legalen Dimension wie z. B. Status, Recht auf Bildung, gleiche Rechte wie die Einheimischen, Zugang zum politischen System; zweitens der sozioökonomischen Dimension, wie bspw. der Zugang zu Arbeit, Arbeitnehmerrechte, der Zugang zu finanziellen Leistungen, Sozialversicherung und anderen Leistungen wie Gesundheit und Pflege; drittens der Dimension der kulturellen und religiösen Rechte, wie das Recht, sich als ethnische, kulturelle oder religiöse Gruppe zu organisieren und der Gleichbehandlung mit anderen Gruppen (Penninx 2007: 10f.).

2.2. Die Kommunalisierung von Integrationspolitiken

Kazepov (2010) stellt fest, dass es einen Trend hin zu einer Kommunalisierung der Sozialpolitik insgesamt und eben auch der Integrationspolitiken im Besonderen gibt. Die Gründe dafür sind vielfältig: Dezentralisierung des politischen Systems, Kostendruck, öffentliche Debatten über Zuwanderung. „The overall problem frame, however, has been a neoliberal rationality guiding policy making and formulation policy problems" (Jørgensen 2012: 252; Joassart-Marcelli 2013).

Kommunalisierung öffnet, auch wenn sie teilweise aus neoliberalen Politikkonzepten entstanden ist, Räume für Verhandlung und Abschwächung restriktiver, nationaler Politiken (Jørgensen 2012). Der Mangel an nationalstaatlichen Vorgaben begünstigt diese Kommunalisierung. Die Europäische Kommission fördert darüber hinaus diese Entwicklung ganz gezielt (Hadj-Abdou 2014). So sprechen Syrett und Sepulveda etwa von einem „Rescaling" der „Governance of Diversity"(Syrett & Sepulveda 2012). Diese Entwicklung, so die Autoren, führe weg von traditionellen Ansätzen der Integrationspolitik, die sich hauptsächlich auf die nationale Ebene fokussierten, hin zur Einbeziehung subnationaler Akteure sowie der Anerkennung des transnationalen und postnationalen Charakters der Migration, der wirtschaftlichen Entwicklung und der globalen Politiken (ebd.).

Kommunen bilden letztlich eigene Räume, in denen eigene Ansätze und Gegenentwürfe zu nationalen Integrationspolitiken entstehen können. Sie setzen sich diskursiv von nationalen Integrationspolitiken ab. Sie sind in andere, auch europäische Netzwerke eingebunden und sie unterschieden sich ganz erheblich voneinander (Jørgensen 2012).

Den Kommunen kommt eine zentrale Rolle in drei Bereichen zu: Erstens, im Aufbau von Integrationsprogrammen, die nahe an den tatsächlichen Bedürfnissen der Migrantinnen und Migranten sind, denn nationale Programme sind nur unzureichend mit lokalen Integrationspolitiken verzahnt und oftmals zu träge, um gezielt und flexibel auf kommunale Herausforderungen reagieren zu können (Gebhardt 2014). Zweitens können Kommunen die soziale Mobilität der Neuzugewanderten entscheidend befördern – sie stehen allerdings stets im Spannungsfeld mit nationalen Politiken. Drittens sind kommunale Politiken entscheidend für die Umkehrung von Segregations- und Ausschlussmechanismen. „Effective neighbourhood programs adopt a number of complementary strategies to attract and retain residents, such as the design of housing and public spaces and „soft" measures to support small businesses" (Gebhardt 2014: 1).

Die Kommunalisierung der Integrationspolitik ist ein entscheidendes Element für den Zusammenhalt der Gesellschaft. „Governance" von Diversität muss die Balance zwischen der Diversität in den Gesellschaften und der Suche nach einem Konsens in grundlegenden Angelegenheiten gelingen (Syrett & Sepulveda 2012).

Zusammenfassend lassen sich mehrere Entwicklungen feststellen (Fauser 2014):

1) Es hat eine „Reskalierung" von „Governance" in der Migrations- und Integrationspolitik gegeben, eine Übertragung von Kompetenzen an die kommunale Ebene, ohne die Rolle der Zentralstaaten in Frage zu stellen.
2) Wirtschaftspolitik fokussiert sich stärker auf die lokale Ebene. Kommunen positionieren sich stärker als wirtschaftspolitische Akteure, die in Konkurrenz zueinander stehen.
3) Die Arrangements verändern sich. Kommunen setzen – auch in ihren Integrations- und Migrationspolitiken – verstärkt auf die Zusammenarbeit mit privaten Akteuren und auf die Auslagerung von Kompetenzen.

2.3. Integrationspolitik im Mehrebenen-System

Politik, so heißt es, wird auf nationaler Ebene zwar entworfen, auf lokaler Ebene jedoch entfaltet sie erst ihre Wirkung. Dies trifft auch seit Anbruch der Wirtschaftskrise besonders auf die Integrationspolitik zu (Jørgensen 2012; Caponio & Borkert 2010). „Whereas the benefits of diversity are often most evident at the level of the national economy, it is at the local level that the consequences of economic integration and exclusion are readily apparent" (Syrett & Sepulveda 2012: 239).

Die Grenzen nationalstaatlicher Integrationspolitiken haben zu einer Fokussierung auf die Kommunen sowie zu einem stärkeren Selbstbewusstsein der Kommunen geführt. Das Bürgermeisteramt von Barcelona organisierte im Jahr 2014 das „First Mayoral Forum on Mobility, Migration and Development" (Ajuntament de Barcelona 2014). Allein zwischen 1983 und 2004 ist die Anzahl der kommunalen Netzwerke, die sich mit den verschiedensten Themen beschäftigen, u. a. auch mit Integration, von acht auf 49 angestiegen (Çağlar 2014). Im Anhang sind einige dieser Netzwerke aufgeführt (siehe Anhang 12.1).

Die zentrale Bedeutung der Kommunen als eigenständige Politikebene ist inzwischen Konsens, auch für die europäischen Mitgliedsstaaten und ihre Institutionen. Im Jahr 2014 legte eine Mitteilung der Kommission den Grundstein für eine Städteagenda für die EU. Das informelle Ministertreffen zu städtischen Fragen am 30.05.2016 hat den sogenannten „Pakt von Amsterdam" angenommen, der die Grundsätze der Städteagenda für die EU festhält. „In Europas städtischen Gebieten", schreibt die Europäische Kommission, „leben über zwei Drittel der Bevölkerung der EU; sie zeichnen sich für etwa 80 % des Energieverbrauchs verantwortlich und erwirtschaften bis zu 85 % des europäischen BIP. Diese städtischen Gebiete sind Motoren der europäischen Wirtschaft und dienen als Katalysatoren für Kreativität und Innovation in der gesamten Union. Sie sind jedoch auch Orte, in denen anhaltende Probleme, wie z. B. Arbeitslosigkeit, Segregation und Armut am schwerwiegendsten sind. Demzufolge haben Maßnahmen im Bereich der Stadtentwicklung umfangreichere, grenzüberschreitende Bedeutung, weshalb die Stadtentwicklung ein Schwerpunkt der Regionalpolitik der EU ist" (Europäische Kommission 2016b, 2016c).

Die steigende Bedeutung der Kommunen schlägt sich auch in der Verteilung der europäischen Fonds nieder. Europäische Städte stehen für den Förderzeitraum 2014-2020 im Fokus der Kohäsionspolitik der EU. 50 % des Europäischen Fonds für regionale Entwicklung (EFRE) sollen direkt in integrierte Strategien zur nachhaltigen Stadtentwicklung fließen. Die Kommission hat zwölf Herausforderungen für Städte identifiziert. An erster Stelle steht die Integration von Migrantinnen und Migranten und Geflüchteten. Vier Pilot-Partnerschaften haben bereits ihre Arbeit zu folgenden Themen aufgenommen: Inklusion von Migrantinnen und Migranten (Koordinierung durch die Stadt Amsterdam), Luftqualität (Koordinierung durch die Niederlande), Wohnungsbau (Koordinierung durch die Slowakei) und Armut in den Städten (Koordinierung durch Belgien und Frankreich).

Priorität im Bereich Migration und Flucht der „Urban agenda" der Europäischen Kommission hat „to manage integration of incoming migrants and refugees (extra-EU) and to provide a framework for their inclusion based on willingness and integration capacity of local communities. This will cover: housing, cultural integration, provision of public services, social inclusion, education and labour market measures, chances of second-third generations, spatial segregation" (Europäische Kommission 2016d).

Integrations- und Migrationspolitiken werden seit einigen Jahren schon auf verschiedenen Ebenen entwickelt und umgesetzt. Zu den traditionellen Playern (Nationalstaaten und Regionen) sind die EU und die lokalen Akteure hinzugekommen. „Local governments, large cities in particular are becoming increasingly entrepreneurial in developing their own integration philosophies and policies. This has led to cities having markedly different approaches to migrant integration, even within the same countries" (Scholten & Penninx 2016: 91). Gerade bezüglich der Integrations- und Migrationspolitiken kann von einer Entkoppelung von nationalen und lokalen Politiken gesprochen werden (Scholten & Penninx 2016).

Dekker et al. (2015) haben die drei vorherrschenden Thesen über die Verbindung von lokalen und nationalen Integrationspolitiken sehr greifbar beschrieben. Die erste These erkennt an, dass die Forschung widersprüchliche Ergebnisse über die Grundausrichtung kommunaler Integrationspolitiken hervorbringt. So besteht kein Konsens darüber, ob lokale Politiken integrativer als nationale sind (Jørgensen 2012). Gemeinsam ist allerdings den Autorinnen und Autoren, die diese These vertreten, dass kommunale Integrationspolitiken klar und deutlich von der nationalen Ebene zu unterscheiden seien.

Eine zweite These geht davon aus, dass sich kommunale Integrationspolitiken untereinander ebenfalls erheblich unterscheiden. Die spezifischen Charakteristika der kommunalen Wirtschaft und die Zusammensetzung der jeweiligen Migrantinnen und Migranten prägen die Integrationspolitik der jeweiligen Städte. Die Selbstbeschreibung einer Stadt sei ebenfalls entscheidend für die Ausgestaltung der Integrationspolitik.

Eine dritte These geht von starken Übereinstimmungen zwischen nationalen Integrationsmodellen und kommunalen Integrationspolitiken aus. Kommunen, so diese These, erarbeiten ihre jeweiligen Politiken auf der Grundlage dieser nationalen Modelle und führen diese somit hauptsächlich aus (Penninx & Martinello 2006).

Insgesamt lässt sich jedoch festhalten, dass nationale und lokale Integrationspolitiken sich in der Ausrichtung oftmals erheblich unterscheiden. Es besteht eine eindeutige Diskordanz zwischen der „soften" Integrationspolitik der Kommunen, die darauf abzielt, Migrantinnen und Migranten zu „empowern" und nationalen „harten" Politiken, die die Unterteilung in verschiedenen Status festlegt und

Städte zu unabhängigem, autonomem Handeln zwingen. „Indeed, not infrequently local policies attempt to compensate for the limitations and shortcomings of national polices, moving away from the "models" of the host country" (Ambrosini 2013: 137).

Leerkens (2016) beschäftigt sich mit sozialstaatlichen Arrangements für nicht anerkannte Geflüchtete in den Niederlanden. Eine erhebliche Anzahl von Kommunen hatte pragmatische Notunterstützung vorgehalten bis 2010 ein Gericht die niederländische Regierung dazu verurteilte, solche Leistungen zumindest für nicht anerkannte Geflüchtete mit minderjährigen Kindern als Regelleistungen anzubieten.

Aumüller et al. (2016) kommen für Deutschland zu einem ähnlichen Befund bezüglich kommunaler Flüchtlingspolitik in den letzten Jahren. „Seit jeher haben die Kommunen – ungeachtet einer restriktiven staatlichen Flüchtlingspolitik – einen besonderen Blick auf die vor Ort lebenden Geflüchteten und oftmals einen sehr pragmatischen Umgang mit ihnen entwickelt. [...] Entgegen dem lange Zeit verordneten Verdikt, dass für Asylsuchende keine Integration in Deutschland vorgesehen sei, entwickelten viele Kommunen eine Praxis, getragen von unterschiedlichen Akteuren, wie Asylsuchende und langjährig geduldete Geflüchtete dennoch einen Zugang zu Sprache, Bildung und Beschäftigung finden können" (Aumüller et al. 2016: 30f.).

Auch der Zuzug von EU-Bürgerinnen und EU-Bürgern nach dem Beitritt neuer Mitgliedsstaaten Mittel- und Osteuropas hat besonders die Kommunen vor enorme Herausforderungen gestellt. Einige Städte haben angesichts der unzureichenden Vorkehrungen der jeweiligen Nationalstaaten eigene Einrichtungen geschaffen, so etwa Berlin mit der „Berliner Strategie zur Einbeziehung von ausländischen Roma" aus dem Jahr 2012.

Auch bei der Neuzuwanderung aus den neuen Mitgliedsstaaten ist deutlich geworden, dass die meisten Politiken von den Kommunen ausgingen, z. T. auch dort blieben. „CEE migration often creates consequences felt most acutely at the local level and that is where governance responses emerge. Housing shortages, neighborhood unrest, begging, access to health care and social security normally become visible at the local level. Challenges like these do not wait for national policies to be developed" (Zelani et al. 2016: 56).

Die Divergenz zwischen lokalen und nationalen Integrationspolitiken ist auch außerhalb Europas zu beobachten. So zeichnet Marrow (2012) am Beispiel der Stadtverwaltung von San Francisco nach, wie diese, trotz einer gänzlich anders ausgerichteten Politik der Zentralregierung, undokumentierten Migrantinnen und Migranten den Zugang zu ärztlicher Behandlung ermöglicht. „This inclusive context also allows providers to more effectively muster resources and advocate for such patients in other ways. For instance, the city´s sanctuary policy reaffirms many providers´ beliefs that unauthorized immigrants are often scared to seek health care services because of the restrictive federal policy toward unauthorized immigrants. Sanctuary policy supports them in their efforts to engage in what Horton (2006) and Lamphere (2005) call "buffering" strategies as they try to smooth and compensate for such fear" (Konczal & Varga 2011 zitiert in Marrow 2012: 79).

Entscheidend für die Positionierung und Bedeutung der Kommunen sind die nationalen Machtverteilungen. In einigen Ländern, wie etwa den Niederlanden und Schweden, hat die zentralstaatliche Ebene nicht nur bereits sehr früh Integrationspolitiken formuliert, sondern auch der kommunalen Ebene eine wichtige Rolle eingeräumt. Dänemark etwa galt lange als eines der liberalsten Länder Europas – zumindest was die Integrationspolitik anbelangt. Seit Mitte der 1980er-Jahre fand eine radikale Kehrtwende von massiver staatlicher Unterstützung der Arbeitsmarktintegration hin zu einer Politik der individualisierten Integrationspolitik statt. Diese Neuausrichtung richtet den Fokus auf das Individuum. Integration wird damit zu einem individuellen Vorhaben, das von der Gemeinschaft bestenfalls gefördert werden kann (Jørgensen 2012). Damit nahm Dänemark eine Entwicklung vorweg, die sich nach und nach in allen europäischen Staaten durchsetzt, „very often involving intense focus on language acquisition and integration courses and in general a targeted selection of who gains access" (Jørgensen 2012: 252). Deutschland zeichnet sich trotz der föderalen Struktur in der Integrationspolitik durch einen „Bottom-up" Ansatz aus, d. h. durch ein Szenario, in dem die wichtigsten Impulse von den unteren Ebenen, in unserem Fall den Kommunen, ausgehen. Integrationspolitik wurde maßgeblich von den Kommunen betrieben. Dekker weist darauf hin, dass das Berliner Integrationskonzept etliche Jahre vor dem „Nationalen Aktionsplan Integration" verabschiedet wurde (Dekker et al. 2015). „Thus, the German case supports the national models thesis in the sense that both policies follow a similar approach ideologically as well as content wise. However, it is very clear that this is not due to top-down policy enforcement. Instead, we came across examples of bottom-up multilevel dynamics" (Dekker et al. 2015: 649). Der Druck, eine Wende von einer Abschottungs- hin zu einer pragmatischen Politik der Anerkennung von Differenzen einzuleiten, kam größtenteils von den Kommunen.

> „Zürich, Bern und Basel haben aufgrund des Fehlens nationaler Politiken in der Schweiz Ende der 1990-er zum Beispiel kommunale Politiken (Leitbilder) angestoßen. Berlin, Frankfurt und Wien haben ähnliche Maßnahmen als Antwort auf das Fehlen nationaler Politiken und Ressourcen bereits vorher ergriffen" (eigene Übersetzung des Autors) (Penninx & Martinello 2006: 150).

Gleichzeitig sind die Kommunen in Deutschland, etwa im Rahmen des Bundesprogramms „Soziale Stadt", fest in Bundesprogrammen etabliert. Kalandides untersucht das Programm „Soziale Stadt" am Beispiel Berlins und stellt fest, dass Berlin großen Wert auf den „grassroots"-Charakter des Programms gelegt hat und u. a. innovative Formen der Bürgerbeteiligung wie das Bürgerbudget eingeführt hat (Kalandides & Vaiou 2012).

Mit kommunalen Integrationspolitiken befassen sich thematisch unterschiedlichste Akteure in Deutschland. Vereine (Schröer 2011), Stiftungen (Schader-Stiftung 2011), Bundesministerien (BMVBS 2012), Landesministerien (MGSFF 2004; MJIE 2013) und Verbände (DStG 2016) haben Bestandsaufnahmen und Empfehlungen kommunaler Integrationspolitiken erstellt. Oft handelt es sich um Zusammenstellungen Guter-Praxis-Beispiele, die nicht in eine kritische Reflektion der Verortung kommunaler Praxis im Gefüge mehrerer staatlicher Ebenen oder der Voraussetzungen für eine Einbindung von Migrantenselbstorganisationen (MSOs) in Integrationsstrategien eingebettet sind.

Zusätzlich entwickeln immer mehr europäische Kommunen eine aktive und eigenständige Rolle in den transnationalen Beziehungen, z. B. zu den Herkunftsländern der Migrantinnen und Migranten. Kommunen engagieren sich zunehmend mit einer eigenen Agenda in der Entwicklungspolitik (Fauser 2014). Auch der Aufbau von bilateralen Beziehungen mit Kommunen in den Herkunftsländern bzw. die Förderung von transnationalen Netzwerken von Migrantinnen und Migranten spielt eine Rolle (van Ewjk & Nijenhuis 2016).

Im Weiteren wird der Fokus dieses Kapitels auf die Untersuchung des kommunalen Levels liegen, da

> „[...] policy competencies follow the principles of subsidiarity; that is, what can be done locally should be done locally. Local governments do more than just implement policy; they formulate policies, responding to local policy agendas, and exchange knowledge and information horizontally with other local governments. It speaks to what some scholars describe as 'the local dimension of migrant integration policies' [...], which stresses that local governments are often confronted with integration problems in different ways than the national or European level. This leads them to frame migrant integration policies in a specific local way" (Scholten & Penninx 2016: 94).

Mit der Ausnahme der nordischen Staaten sind kommunale Integrationspolitiken nur unzureichend in nationale Integrationsprogramme eingebettet (Gebhardt 2014). Eine aktuelle Untersuchung kommunaler Integrationspolitiken für neuzugewanderte Staatsbürgerinnen und Staatsbürger der mittel- und osteuropäischen Staaten kommt zu dem Schluss, dass es keine reale Koordinierung der Akteure der verschiedenen Ebenen gibt (EU, Staaten, Regionen und Kommunen) (Zelani et al. 2016).

Diese mangelnde Koordination ist durchaus auch ein Problem in Deutschland. Zwar stellen einige Autorinnen und Autoren eine zunehmende Zentralisierung der Migrations- und Integrationspolitik durch eine Übertragung von Kompetenzen an das Bundesamt für Migration und Flüchtlinge fest, die gleichzeitig eine Abkehr vom klassischen Modell des traditionell konsensorientierten Korporatismus darstellt (Thränhardt 2009). Dieser Befund übersieht jedoch die zunehmende Diversifizierung der Akteure, die Integrationspolitik betreiben, darunter auch die Kommunen. Gegen die These einer Zentralisierung spricht die mangelnde Koordinierung der Akteure, wie etwa einer der Projektleiter einer Bestandsaufnahme kommunaler Integrationspolitiken feststellt, die im Auftrag des damaligen Bundesministeriums für Verkehr, Bau und Stadtentwicklung (BMVBS) durchgeführt wurde.

> „Wenn der Sachverständigenrat der Stiftungen in seinem jüngsten Gutachten von einer locker koordinierten Anarchie spricht, hat er Recht. Es gibt zwar mit der Bundesbeauftragten für Migration, Flüchtlinge und Integration eine Instanz auf der Bundesebene, die den Hut aufhaben sollte. Aber sie ist sowohl personell, als auch institutionell viel zu schwach ausgestattet, um

diese Querschnittsaufgabe zu erfüllen. Viele Aktivitäten laufen über das BAMF [Bundesamt für Migration und Flüchtlinge], das ja ein integrationspolitisches Mandat hat. Das ist hilfreich, weil es eine zentrale Behörde ist, die eigene regionale Einheiten hat. Der jüngst vorgelegte Nationale Aktionsplan Integration ist eher eine Sammlung von laufenden Aktivitäten in unterschiedlichen Bereichen, Programmen und staatlichen Ebenen. Mein Eindruck: Eine koordinierte Integrationspolitik gibt es nicht" (Roth 2012).

2.4. Städte und kommunale Integrationspolitik in der Migrationsforschung

Bereits an den Anfängen der Migrationsforschung steht die Auseinandersetzung mit den Auswirkungen von Migration in den Städten (Arapoglou 2012). Die Chicago School of Sociology und allen voran Robert Park haben sich in den 1920er-Jahren intensiv mit Prozessen der Integration und Segregation von ethnischen Minderheiten beschäftigt (Berli & König 2015; Winter & Staber 2015). Weiterentwickelt wurde die Migrationsforschung mit dem Zentrums-Peripherie-Ansatz, der sich an Metropolen wie New York und London ausrichtete (Sassen 2004, 2005, 2008, 2010). Sassen hat die Bedeutung der Communities von Migrantinnen und Migranten für die Entwicklung der Metropolen hervorgehoben. Andere Autorinnen und Autoren haben sich stärker auf die Fragen der Segmentierung und Fraktalisierung konzentriert (Arapoglou 2012). Die europäische Migrationsforschung fand ihren Ursprung in Großbritannien, insbesondere mit der Analyse der Entwicklungen Londons. Die thematischen Schwerpunkte sind die Kritik an Multikulturalität, Ungleichheiten auf dem Arbeits- und Wohnungsmarkt und die Auseinandersetzung mit den Folgen von „Super-Diversity"-Ansätzen, die die Polarisierungen im städtischen Raum begünstigen (Arapoglou 2012).

Allmählich rückten Städte als eigenständige Räume und Kommunen als politische Akteure der Integrationspolitik in den Fokus der Forschung (Alexander 2003a, 2003b, 2004, 2007; Glick-Schiller 2012; Penninx & Martinello 2006; Çağlar 2014).

Allerdings ist umstritten, ob Städte tatsächlich die unterste Ebene der Integrationpolitiken darstellen. Einige Autorinnen und Autoren stellen fest, dass Integration sich tatsächlich in den Stadtteilen abspielt (Kalanides & Vaiou 2012; Jones

2014). Syrett & Sepulveda (2012) verorten die entscheidenden Kontakte zwischen Einheimischen und Zugewanderten in den Stadtteilen, Straßen und Quartieren:

> „[...] [I]t is the level of the street, neighborhood and cultural quarter within cities that encounters between "host" populations and incoming "stranger" groups take place and relations are embedded. Such spaces are therefore important because they mediate the considerable tensions between the liberal traditions of human rights and responsibilities and the communitarian traditions that emphasize belonging, mutuality and bonds that characterize the realities of multiculturalism. As such, this (re)making of multicultural societies in sites in neighborhoods, localities and cities within national and transnational contexts lies at the heart of conceptualizing governance practice" (Syrett & Sepulveda 2012: 240).

Quartiere, Bezirke und Nachbarschaften stellen damit eine weitere Ebene dar, auf der sich Integrationspraktiken entwickeln können. Diese werden meist im Zuge von Alltagspraktiken generiert. Städte, Regionen, Nationen und transnationale Räume, wie etwa die Europäische Union, priorisieren hingegen andere Formen von Integrationspraktiken, -politiken und -diskursen (Kalanides & Vaiou 2012: 263f.).

Die Stadt als eigenständiger politischer Raum ist durch den Ansatz der „Global Cities" in den Kontext der Globalisierung und Transnationalisierung gestellt worden. Entscheidend für die herausragende Rolle der Kommunen als Akteure von Migration und Integration ist die Schwächung der Zentralstaaten auf globaler Ebene und das Erscheinen vieler unterschiedlicher neuer Akteure auf der politischen Bühne (Sassen 2004, 2005, 2008, 2010).

> „The loss of power at the national level produces the possibility of new forms of power and politics at the subnational level and at the supranational level. The national as container of social process and power is cracked [...]. This cracked casing opens up a geography of politics and civics that links subnational spaces. Cities are foremost in this new geography" (Sassen 2004: 651).

Städte entwickeln eigene transnationale Netzwerke. Dadurch kommt es zu einer Re-Skalierung der Räume in der durch Globalisierung und Arbeitsteilung charakterisierten Wirtschaft (Sassen 2005). Diese Entwicklungen stehen im Zentrum aktueller Analysen der Neuformierung der globalen Wirtschaft und ihrer immanenten Machtverteilung (Sassen 2010).

Diese Perspektive, die sich dezidiert von Stadtforschung distanzierte (Sassen 2010), ist durch die „multi-skalare Analyse" für die Migrationsforschung operationalisiert worden (Glick-Schiller 2012, 2015; Glick-Schiller & Çağlar 2009; Glick-Schiller et al. 2006).

> „In a multi-scalar analysis, local, regional, national, pan-regional and global are not separate levels of analysis but are part of mutually constituting institutional and personal networks of unequal power within which people, both with and without migrant histories, live their lives" (Glick-Schiller 2015: 2276).

Städte eignen sich besonders, um multi-skalare Analysen durchzuführen. Sie haben sich als Akteure mit einer eigenen Agenda auch global positioniert und im Gegensatz zu Quartieren, Bezirken und Nachbarschaften konstituieren sich Kommunen als politische Akteure, die über eigene Ressourcen und Instrumente der Politikentwicklung verfügen (Glick-Schiller & Çağlar 2015). Städte bilden demnach Räume, die eng in die globalisierte Wirtschaft eingebunden sind und spezifische Wege der Integration von Migrantinnen und Migranten vorgeben.

> „They are enmeshed into the processes of the accumulation and destruction of capital within globe spanning networks of economic, political and cultural power [...]. However cities are differentially positioned within these networks and city leaderships actively seek to maintain or improve their positioning through competition with other cities [...]. Cities differ in the institutional and opportunity structures they provide to all their residents, whether or not they are categorized as migrants" (Glick-Schiller & Çağlar 2015: 5).

Städten und Kommunen kommt damit eine zentrale Rolle in der Ausgestaltung von Migrationspolitiken zu. Sie öffnen oder schließen Wege der Integration für Migrantinnen und Migranten.

> „First, city leaderships engaged in competitive neoliberal restructuring developed varying narratives about immigration and local immigrant populations that reflected the relative scalar positioning of their city. [...] Second, the differential relative positioning of each city led to variations in migrants´

pathways of local incorporation. [...] And third, the relative scalar positioning of a city and its relationships to migrants also reflects variations in state and regional policies, colonial pasts, and particular local histories" (Glick-Schiller 2012: 896f.).

Die Untersuchung konkreter städtischer Entwicklungen sollte sich laut Glick-Schiller auf fünf Aspekte konzentrieren (2012):

1) Die Analyse des städtischen Wirtschaftsgefüges
2) Die Machthierarchien und die politischen Strukturen und Diskurse
3) Die Stadtgeschichte, die diese Strukturen und den Diskurs hervorgebracht hat
4) Die Möglichkeiten, die sich Migrantinnen und Migranten innerhalb dieser Koordinaten eröffnen, um aktiver Teil der städtischen Strategien zu werden („scale makers")
5) Die verschiedenen Strategien, die kommunale Akteure entwickeln, um Migrantinnen und Migranten und ihre Organisationen in ihre Praxis einzubinden.

Demzufolge sind Migrantinnen und Migranten nicht nur ein passiver Bestandteil, sondern ein aktiver Part im städtischen Raum:

„[M]igrants must also be seen as actively participating in and interacting with these processes, acting as scale makers [...]. Migrants contribute to the city and its global image in a variety of ways: as professionals and workers, as cultural brokers and in interaction with transnational networks. As one element of globalization, migrants do not necessarily focus their attention on the local destination context alone. Manifold transnational networks of migrants that connect places of destination and origin exist in relation to business and knowledge flows, or in the form of hometown associations and other transnational migrant organisations" (Fauser 2014: 1061).

2.5. Kommunale Integrationspolitik als Wirtschaftsförderung

Trotz der Wirtschaftskrise ist die Konkurrenz um Fachkräfte zwischen Ländern und auch zwischen Kommunen nicht abgeflaut. Das Gegenteil ist der Fall – sie hat in den letzten Jahren sogar zugenommen (Jørgensen 2012). Integrationspolitik wird damit zu einem wesentlichen Element der Konkurrenz der Kommunen untereinander. Städte „which are proactive in assembling diverse social capital resources and making them accessible to migrants, are more likely not only to receive more newcomers but also more likely to retain migrants and a skilled workforce" (Kilpatrick et al. 2015: 207).

Diese Entwicklung ist eng verbunden mit neoliberalen Restrukturierungsprozessen, die sich in einem „entrepeneurial turn" ausdrücken „[...] through which urban governments increasingly engage in global interurban competition by emphasizing the development of local and regional economic resources, and by forcefully stimulating private sector investments" (Blokland et al. 2015: 658).[5]

„City branding" ist eines der Instrumente, die Kommunen verstärkt benutzen, um im Wettbewerb mit anderen Städten auf sich aufmerksam zu machen (Paganoni 2012). Kommunen versuchen darüber hinaus, ihr virtuelles Angebot der steigenden Diversität ihrer Wohnbevölkerung anzupassen. Kommunale Webseiten werden immer mehr nicht nur als eine Plattform für E-Services und Information benutzt, sondern als Instrument, um soziale Teilhabe zu ermöglichen und die Vielfalt der Städte wiederzugeben. Diese Form der Kommunikation, die einige Autorinnen und Autoren bereits als „Network City" bezeichnen, unterschlägt zwar Ungleichheiten und Segregation, kann aber gleichzeitig Partizipation und politischen Aktivismus fördern. Eine Untersuchung der Webseiten von zwölf britischen Städten verdeutlicht das Spannungsverhältnis zwischen der Intention, Städte interessant zu machen und eine realistische Darstellung des tatsächlichen städtischen Lebens mit seinen Widersprüchen und Verwerfungen zu bieten. Diese Aspekte werden viel eher von Nichtregierungsorganisationen (NGOs) berücksichtigt und spiegeln sich auf deren virtuellen Plattformen wider (Paganoni 2012).

Ausländische Fachkräfte anzuziehen kann nur ein erster Schritt sein. Darüber hinaus muss auch sichergestellt werden, dass diese Fachkräfte sich dafür entscheiden, sich langfristig in der Region niederzulassen. Die Gründe, die Städte für

---

[5] „Rescaling processes and state budget austerity gave local entities more political autonomy, but also moved them towards more aggressive growth policies to generate necessary revenues. Local politics shifted towards economic developement and subordinated social policies increasingly to economic and labor-market policies [...]. This also included a transformation of the local political arena. New private and semi-private actors were invited to participate in city politics, while urban governance regimes were formulated to interplay between the various urban groups, organizations, interests and ressources in a process that soon became highly influential for globalizing cities, immigration and culture" (Blokland et al. 2015: 660).

ausländische Fachkräfte interessant machen, liegen in ihren besonderen Eigenschaften. Sie lassen sich in vier Typen einteilen:

- „Ikonische Städte", die global bekannt sind und deren Namen bereits ein Alleinstellungsmerkmal darstellt, wie z. B. London oder New York;
- „Spezialisierte Städte", die für bestimmte Branchen stehen, und in denen die vorhandene Ballung von Spezialisten einen Cluster-Effekt hat, wie es bspw. im Silicon Valley, in Boston, Washington oder Brüssel der Fall ist;
- „Unifokale Städte", die zwar eine Spezialisierung in einem bestimmten Bereich vorweisen, denen es jedoch ansonsten an Anziehungsfaktoren mangelt (z. B. Basel, Bratislava);
- „Lifestyle Städte", die sich als Trendsetter positionieren, wie San Diego, Barcelona oder Berlin).

Glick-Schiller und Çağlar (2009) übertragen diese Differenzierung auf das Modell der Skalierung.

- Top-Scale: Städte, die aufgrund ihrer Ballung differenzierte, innovative Unternehmen und kulturelles und politisches Kapital auf sich vereinen, bieten Migrantinnen und Migranten ein breites Spektrum an beruflichen Möglichkeiten. Ethnische Institutionen und Organisationen sind fest in das wirtschaftliche Gefüge eingebaut und stellen ein wichtiges Asset für die Positionierung dieser Städte dar.
- Up-Scale: Städte, die erst seit kurzem kulturelles und soziales Kapital akkumuliert haben, benötigen, wie auch die Top-Scale-Städte, hoch qualifizierte, aber auch niedrigqualifizierte Arbeitnehmerinnen und Arbeitnehmer. Diese Städte werben gezielt mit ihrer Diversität.
- Low-Scale: Unternehmen der neuen Ökonomie sind auch in diesem Städtetyp vorhanden, nehmen aber nur eine zweitrangige Rolle ein. Auch hier spielt Zuwanderung eine bedeutende Rolle für die Positionierung, allerdings nur in bestimmten Bereichen, weil die Stadt als solche keine herausragende Attraktivität besitzt.
- Down-Scale: Städten dieses Formats ist die Restrukturierung noch nicht gelungen, weil sie es nicht geschafft haben, innovative Unternehmen anzuziehen, sich als touristischer Magnet herauszustellen oder etwa als eine

Stadt der Unterhaltungsindustrie aufzutreten. Oftmals verfügen diese Städte schlichtweg nicht über die Ressourcen, um die Potenziale ethnischer Netzwerke zu mobilisieren.

Die Sprachkenntnisse der Migrantinnen und Migranten, ihre kulturellen Kompetenzen, Kenntnisse der lokalen Gegebenheiten und transnationale Netzwerke werden zu einem Asset für kommunale Wirtschaftspolitiken (Çağlar 2014). Daher haben einige Städte ihre Identität um den Aspekt der Vielfalt und der Diversität (Collett 2014; Özbabacan 2012) erweitert.

Berlin bietet dafür mit der Kampagne „be Berlin" von der Berlin Partner GmbH, der Wirtschaftsförderung der Stadt, ein hervorragendes Beispiel.

> „be Berlin setzt nicht auf spektakuläre Großaktionen und flotte Slogans, sondern vor allem auf die rund 3,5 Mio. Berlinerinnen und Berliner, die unsere Stadt so unverwechselbar machen und den Wandel der Stadt aktiv gestalten. Die unterschiedlichen Facetten Berlins, wie Wirtschaft, Wissenschaft, Kultur, moderne Industrie oder auch Sport und Soziales wurden in der Kampagnenarbeit systematisch herausgestellt. Denn als der Berliner Senat im Sommer 2007 die Berlin Partner GmbH damit beauftragte, unter Führung der Senatskanzlei eine Strategie für eine Imagekampagne zu entwickeln und umzusetzen, ergab eine Umfrage des Meinungsforschungsinstituts TNS Infratest, dass Berlin zwar national als lebenslustig und international als Stadt mit großem Potenzial wahrgenommen wurde, ein klares Profil zeichnete sich jedoch nicht ab. Aus Sicht der ausländischen Befragten waren andere Städte zum Leben und Arbeiten deutlich attraktiver. Unser Ansatz war es daher, die Stärken Berlins zur Chance zu machen – und dabei vor allem die Bürgerinnen und Bürger sprechen zu lassen. Und das sowohl im Rahmen unserer vielen bunten regionalen Aktivitäten als auch bei unseren internationalen Veranstaltungen. Diese Strategie ist aufgegangen: Wie eine Imagemessung von TNS Infratest und Kleinundpläcking 2015 ergab, wird Berlin heute als Wirtschaftsstandort sowie als attraktive Stadt zum Leben und Arbeiten international viel stärker wahrgenommen als 2007. Berlin hat ein klares Markenprofil entwickelt, nicht zuletzt dank des beeindruckenden Engagements der vielen begeisterten Berliner Kampagnen-Botschafter" (Berliner Senat 2015).

Die Kampagne markiert einen paradigmatischen Kurswechsel der Politik des Berliner Senats. Die Krise, die die traditionelle Berliner Wirtschaft nach dem Fall der

Mauer erfasst hatte, zwang die politischen Akteurinnen und Akteure zu einem radikalen Umschwung. Daraus entstand das Leitbild der „kreativen Stadt", entlang dessen sich eine Narration der Selbstständigkeit, Kreativität, Inkorporierung von Subkulturen und der Privatisierung von Räumen entwickelt hat. Das zweite Leitbild ist das der „sozialen Stadt", die Abstand nimmt von der polarisierenden Politik vorheriger Landesregierungen und einen integrativen Ansatz verfolgt. Dies spiegelte sich in der Bedeutung von Nachbarschafts- und Quartierstrategien wider. Migrantinnen und Migranten werden nun nicht mehr anhand der Kategorien „wir" und „sie" differenziert, sondern je nach Abstufung des Andersseins und dem inhärenten potenziellen Beitrag zur Entwicklung der Stadt (Lanz 2013). Das Potenzial Berlins als Stadt wird von der Forschung z. T. auch durch die ethnische Diversität und die zivilgesellschaftlichen Strukturen hergeleitet (Arapoglou 2012; Cochrane 2006; Häussermann & Colomb 2003; Latham 2006). Deutsche Kommunen zeichnen sich im internationalen Vergleich allgemein als Akteure aus, die erhebliche Kompetenzen und Gestaltungsmacht haben und zumindest potenziell ein Gegengewicht zu anderen, rein marktwirtschaftlich ausgerichteten Akteuren bilden (Blokland et al. 2015).

Studien aus Australien belegen, dass hoch qualifizierte Migrantinnen und Migranten vor allem dort auf Dauer bleiben, „where skilled mobile workers had been helped to create a sense of place, fostered by positive community settings that assisted them to develop social networks. Mobile skilled workers were likely to stay longer in rural communities if they were able to make a meaningful contribution in their new location, and if their families were also supported to integration and becomes involved" (Kilpatrick et al. 2015: 209). Europäische Großstädte sehen Integrationspolitik als ein Instrument der Wirtschaftsförderung, bei der nicht die Integration der Migrantinnen und Migranten im Vordergrund steht (Hadj-Abdou 2014).

> „In the final analysis, it is not states or regions that attract foreign students, but the reputation and excellence of their universities. Similarly, it is no states, regions or even cities that offer the crucial interventions to stay – these are mainly the attractive employment opportunities offered to foreign graduates by dynamic and well-paying employers" (Suter & Jandl 2008: 416).

Kommunen kommt eine zentrale Rolle bei allen Handlungsstrategien zu, die darauf abzielen, ausländische Studierende in den Städten zu halten (Suter & Jandl

2008). Am Beispiel Londons identifizieren Syrett und Sepulveda (2012) den Zuzug von Fachkräften als wichtigsten Aspekt, den Migration bei der kommunalen Wirtschaftsförderung hatte. Die Attraktivität Londons für hoch und durchschnittlich qualifizierte Fachkräfte war entscheidend dafür, dass sich London zu einer der global führenden Metropolen entwickeln konnte. Die zunehmend restriktive Migrationspolitik auf nationaler Ebene seit 2008 hat zu intensiven Spannungen zwischen den kommunalen und nationalen Akteuren geführt. London hat früh Integrationsangebote für Migrantinnen und Migranten gemacht, wie etwa Sprachkurse und Bewerbungstrainings, Unterstützung beim Verfassen des Lebenslaufes sowie bei der Arbeitssuche (ebd.). Die Entwicklung in London belegt die Bedeutung kommunaler Integrationspolitiken. Die wirtschaftliche Entwicklung hat eine enorme Anziehungskraft auf Migrantinnen und Migranten ausgeübt. Dieser wirtschaftlichen Entwicklung ist allerdings auch gesellschaftlicher Ausschluss und soziale Ungleichheit inhärent, die der Herausbildung eines starken gesellschaftlichen Zusammenhangs abträglich war (Syrett & Sepulveda 2012).

In Anlehnung an Bryan beschreibt Hadj-Abdou diesen Typ der Integrationspolitik als „Corporate-style Multiculturalism". Es handelt sich dabei um einen Ansatz, der die lokale Diversität zu einem festen Bestandteil kommunaler Politik erklärt.

> „[...] in which the contribution of migrants is essentially formulated in terms of economic benefits. This evolution largely reflects the post-Fordist shifts in Western economies. The growing competition between cities has led to a need for cities to establish "brands" in a context of increased capital mobility. Diversity and openness to ethno-cultural diversity increasingly serve as such a brand. While in Fordism, cities were a symbol of the nation and tended to feature processes of de-ethnicisation and cultural assimilation; in Post-Fordism, ethno-cultural diversity is used to stimulate urban development (Hadj-Abdou 2014: 1890).

2.6. Kommunen als Akteure der Ausgrenzung

Kommunale Politik kann Ausgrenzungsprozesse konterkarieren oder gar umkehren, sie kann sie aber auch beschleunigen oder verfestigen. Ein Beispiel, das in vielen Städten zu beobachten ist, ist das der Baupolitik, die Ausgrenzung auch von Migrantinnen und Migranten aus Wohngebieten, von sozialen Dienstleistungen und von Anerkennung zur Folge haben kann (Arapoglou 2012).

> „[…] the emphasis should fall as much on issues of redistribution (providing affordable and good quality housing, urban infrastructures and social facilities) as on issues of recognition (building a sense of belonging, security and pride through participation of immigrants in policy making). It is within the realm of everyday life that multicultural alliances are promising today, as long as cities are increasingly interconnected and the welfare of the majority of their population continues to come under threat by austerity and neoliberal policies" (Arapoglou 2012: 232).

Kommunen können also auch Akteure der Ausgrenzung sein, und zwar nicht nur durch Unterlassung oder Mangel an Unterstützungsstrukturen, sondern auch durch eine explizite Ausgrenzungspolitik, durch die sie restriktive nationale Politiken verstärken (Ambrosini 2013). Die Gründe, die für solche Politiken häufig angeführt werden, variieren. Ambrosini benennt einige, z. B. Kostenrationalisierung, Einhaltung bestimmter Standards der öffentlichen Ordnung oder das Ziel der Umgestaltung von Innenstädten. Er führt am Beispiel norditalienischer Kommunen vor, dass sich diese kommunalen Ausgrenzungspolitiken auf fünf Ebenen abspielen: Einschränkung der bürgerlichen und der persönlichen Rechte, Ausschluss der Migrantinnen und Migranten von bestimmten Leistungen, kulturelle Ausgrenzung, restriktive Anwendung von Sicherheitsbestimmungen und zuletzt, wirtschaftliche Ausgrenzung (ebd.).

Gebhardt (2015) weist auf die restriktiven Praktiken kommunaler Politiken in Berlin während der 1970er-Jahre, in Zürich in den 1990er-Jahren und in Rotterdam während der 2000er-Jahre hin.

Ein ähnliches Bild ergibt sich bei der Betrachtung der Wohnungspolitik für Migrantinnen und Migranten in Athen, die auf eine Segregation setzt.

> „The risk of exclusion is primarily produced in the „host" society, through political decisions that regulate the legal aspects of residence, the attribution of rights and the general conditions of acceptance. Some widely known cases of concentration in specific places of the city centre are used in media and political discourses as signals of menacing deprivation. Immigrants´ concentrations can easily be believed to result in social exclusion. […] migration policies in Greece, preoccupied with spatial determinism, silently understand forced segregation as legitimate and necessary […]" (Kandylis 2015: 833).

2.7. „Super-Diversity" als Herausforderung kommunaler Integrationspolitiken

Vertovec hat bereits 2007 den Begriff der „Super-Diversity" eingeführt. Demnach kommen zu der bereits steigenden Komplexität ethnischer Strukturen andere Faktoren hinzu, die das Migrationsgeschehen zusätzlich ausdifferenzieren. Dazu gehören das Herkunftsland, die Zuwanderungswege, der rechtliche Status, das soziale Kapital, der Zugang zum Arbeitsmarkt, der praktizierte Transnationalismus, die Verortung im städtischen Raum und die konkreten Antworten der kommunalen Behörden auf die Bedürfnisse und Forderungen der Migrantinnen und Migranten.

Das Konzept der „Super-Diversity" erlaubt es nicht nur, der zunehmenden Ausdifferenzierung der Realität Rechnung zu tragen, sondern es könnte dazu dienen, von der Fokussierung auf Ethnizität als zentraler Kategorie Abstand zu nehmen. Damit würden etwa die soziale Lage, die Machtverhältnisse, in denen sich Migration abspielt und die Ungleichheiten auf dem Arbeitsmarkt stärker berücksichtigt werden (Glick-Schiller 2006 zitiert in Vertovec 2007: 1026). Es stellt zudem vereinfachende Differenzierungen zwischen der „Mehrheitsgesellschaft" und den Migrantinnen und Migranten in Frage.

> „The emergence of new forms of migration, mobility, networking and social media across national borders has led to a rapid change in the population structure and interactions between individuals and social groups in cities. Urban life in many cities today is therefore characterized by the presence of immigrant groups or longstanding ethnic and racial differentiations, often accompanied by inequality and segregation (Fincher et al., 2014). The presence of smaller, less organized, legally differentiated and non-citizen groups in some cities of developed countries is known as "Super-Diversity" (Vertovec, 2007 and 2011; Stren, 2010) which questions the validity of the existence of a sociocultural homogeneous 'majority society' as opposed to 'migrant others'" (IOM 2015: 57).

Vertovecs Verständnis des Begriffs der „Super-Diversity" ermöglicht es, der ethnischen Fokussierung zu entkommen.

> „Often migration researchers have deployed an „ethnic lens" […], assuming that no matter where migrant settlement and transnational connections were being studied, the ethnic group – generally located within a single

neighborhood – can serve as a unit of study and analysis. Such research reinforces the idea that people who share an ancestral origin in a particular country also share a common leadership, culture, religion, aspirations, transnational networks, identity, and pathway of settlement in a new country" (Glick-Schiller 2012: 886).

Diese „Super-Diversity" bringt allerdings auch einige neue Herausforderungen mit sich. So erschwert diese Realität kommunalen Verwaltungen die Beziehungen zu NGOs in gewohnter Form weiterzuführen, denn die Ausdifferenzierung der Migrationslandschaft führt zum Entstehen neuer, kleiner Vereine. Dies führt wiederum zu Spannungen mit Communities, die in der Vergangenheit gezielte Unterstützung erfahren haben.

Gleichzeitig müssen kommunale Verwaltungen ihre Dienstleistungen auch an die steigende Komplexität anpassen und dies macht es unumgänglich, die neue Realität zu erfassen und auf dieser Grundlage Strategien zu erarbeiten.

Die „Super-Diversity" der Zuwanderung macht eine Öffnung von Integrationspolitik hin zu breiteren, communityunspezifischen Ansätzen notwendig. Letztlich ist daher auch eine stärkere Koordination der verschiedenen Akteure kommunaler Integrationspolitiken von zentraler Bedeutung (Syrett & Sepulveda 2012).

Zuletzt zwingt diese extreme Ausdifferenzierung der Neuzuwanderung Kommunen auf verschiedenste Quellen zurückzugreifen, um sich ein reales Bild dieser neuen Realität zu machen, wie etwa kürzlich die Autorinnen und Autoren einer Studie über die Neuzuwanderung aus Mittel- und Osteuropa feststellen:

> „Developing appropriate policy measures and governance approaches requires up-to-date data and knowledge on these mobile EU citizens. Different categories of mobile EU citizens will bring about various consequences for urban areas, while these in turn may call for different policy responses. A first policy question is how to categorise these types of mobile citizens for policy purposes. A second one is how to collect data on these mobile EU citizens and their urban impact, and how to monitor developments over time. The category of mobile EU citizens from CEE poses particular challenges because of its fluidity, its novel and thus unfamiliar natures, and the lack of registration in some of these cases" (EUKN 2016: 25f.).

Integrationspolitiken müssen auf der systematischen Kenntnis der Integrations- und Ausschlussmechanismen gründen (Penninx & Martinello 2006; Penninx

2009). Integrations- und Ausschlussprozesse unterliegen eigenen Logiken, die von dem Projekt UNESCO-MOST „Modes of Citizenship and Multicultural Policies in Western Europe Cities" anhand von 17 Fallbeispielen untersucht wurden (Penninx 2009; Penninx & Martinello 2006; Rogers & Tillie 2001; Penninx et al. 2004). Der Ausgangspunkt der Migrationsforschung ist die Wahrnehmung Neuangekommener als andere. Sie macht sich damit oft die Perspektive der Mehrheitsgesellschaft zu eigen. Migrationsforschung blickt auf eine lange Tradition zurück, die mit Simmel beginnt, und dann stark in den USA vorangetrieben wurde. Integration ist, so die Ausgangsannahme der Forschungsteams des Projekts, der Prozess, durch den Neuzugewanderte zu einem anerkannten Teil einer Gesellschaft werden. Es handelt sich dabei folglich um einen Prozess und nicht um einen Zustand und es ist gleichzeitig eine Definition, die Abstand von der normativen Überdefinition traditioneller Modelle nimmt (z. B. Assimilation, Multikulturalismus oder Pluralität). Dieser Prozess verläuft weder linear noch ausschließlich in eine Richtung, noch ist er unumkehrbar. Integration spielt sich in drei Dimensionen ab: Der rechtlichen, sozioökonomischen und kulturellen bzw. religiösen.

Die „Super-Diversity" der Neuzugewanderten spiegelt letztlich nur die allgemeine Fragmentierung und Diversifizierung der Interessen, Identitäten und Auseinandersetzungen im städtischen Raum wider (Blokland et al. 2015).

> „This means that instead of an ideal of one „just city" we are facing „just the city" [...], in which processes of claim-making, voicing, and the striving for recognition are often fragmented, yet bridge to other claims in often unexpected ways" (Blokland et al. 2015: 664).

2.8. Ansätze und Grundsätze kommunaler Integrationspolitiken

Im Abschnitt 2.3 wurden die Unterschiede zwischen der nationalen und der lokalen Ebene thematisiert. Ähnliche Unterschiede bestehen aber auch zwischen den kommunalen Integrationsansätzen (Dekker et al. 2015).

> „[...] there is not a single, distinct local dimension of integration policies, but that multilevel interactions promote mutual exchanges between local and national level policies [...] we must focus attention much more to the complex forms of interaction that exist between different policy levels (vertical modes of interaction), as well as between different cities and countries (horizontal modes of interaction)" (Dekker et al. 2015: 653).

Auch wenn strukturelle Ursachen wie z. B. Pfadabhängigkeiten in der Politikgestaltung eine Rolle spielen (Pierson 2000; Pierson & Skocpol 2002), wird der folgende Abschnitt sich auf die Beschreibung unterschiedlicher Ansätze der kommunalen Integrationspolitik konzentrieren.

Kommunen können ganz unterschiedliche Ansätze wählen, wenn es um Integrationspolitik geht. Die Wahl wird oftmals durch die jeweiligen wirtschaftlichen Situationen vor Ort geprägt (Jørgensen 2012). So hat die Einbeziehung der Communities auf kommunaler Ebene wenig mit symbolischer Politik zu tun. Vielmehr ermöglicht sie die Zusammenarbeit mit den Migrantenselbstorganisationen (MSOs), über die sich Kommunen Zugang zu den Migrantinnen und Migranten verschaffen (Jørgensen 2012).

Verschiedene Studien widmen sich vergleichenden Untersuchungen kommunaler Integrationspolitiken (Jørgensen 2012; Hadj-Abdou 2014; Dekker et al. 2015). Während eine Reihe von Arbeiten auf die spezifischen Charakteristika der Communities verweist, um die unterschiedlichen Herangehensweisen der Kommunen zu erklären, werden in der zweiten Gruppe von Arbeiten die Differenzen der strukturellen und institutionellen Kontexte hervorgehoben, in denen sich die kommunalen Integrationspolitiken abspielen. Die erste Reihe von Studien umfasst viele Ergebnisse, die bereits in den 1990er-Jahren veröffentlicht wurden. Ireland (1994) verglich die kommunalen Integrationspolitiken von La Courneuve und Roubaix in Frankreich, Schlieren und La Chaux-de-Fonds in der Schweiz. Rex und Samad (1996) verglichen die Politiken von Birmingham und Bradford, während Blommaert und Martiniello (1996) die kommunalen Integrationspolitiken von Antwerpen und Liège untersuchten. Tatsächlich stellt das Projekt „Multicultural Policies and Modes of Citizenship in European Cities" (MPMC) erhebliche Unterschiede bzgl. der Zusammensetzung und Historie der Migrationsgruppen sowie eine signifikante Heterogenität der Aufnahmegesellschaften fest. Die Heterogenität bezieht sich sowohl auf institutionelle Strukturen auf nationaler Ebene als auch auf lokale Gegebenheiten, wie politische Konstellationen und Koalitionen. Von Bedeutung sind darüber hinaus die räumliche Aufteilung der Stadt, die lokale historische Erfahrung mit Migration, die konkreten politischen Instrumente und Ressourcen in Bereichen wie dem Wohnungsbau, der Arbeitsmarktpolitik, der Wirtschaftsförderung, der Bildung und der Gesundheit.

Syrett hat die Typologie kommunaler Strategien von Alexander aus dem Jahr 2003 übernommen und darüber hinaus noch erweitert (Syrett & Sepulveda 2012; Alexander 2003a und 2003b). Damit hat er sie den aktuellen Entwicklungen angepasst. Neu hinzugekommen ist bspw. die Kategorie der integrationistischen/interkulturellen kommunalen Politik (siehe Tabelle 1).

Tabelle 1: Diversität und kommunale Strategien
(Syrett & Sepulveda 2012: 242)

Grundlegende Annahmen der Kommunen über die Beziehungen zwischen Einheimischen sowie Migrantinnen und Migranten	Politik-Typen	Haltung gegenüber Migrantinnen und Migranten	Diversitybezogene lokale Wirtschaftspolitiken
Migrantinnen und Migranten auf Durchreise	Keine Politik	Anderssein wird ignoriert	Tolerierung informeller Beschäftigung und Unternehmer
Migrantinnen und Migranten als temporäres Phänomen	„Gastarbeiter-Politik"	Anderssein wird toleriert	• Selektive Migrationspolitiken • Branchenabhängige Bildungsmaßnahmen • Minimale Regulierung legaler Arbeitsbedingungen • „Förderung" freiwilliger Rückkehr
Migration und ethnische Communities als permanentes Phänomen – Ethnizität als temporär	Assimilationistische Politik	• Demotivieren, ignorieren des Andersseins • Assimilation oder Marginalisierung	Arbeitsmarkt- und Unternehmensförderung unabhängig von ethnischen Kriterien
Migration und ethnische Communities als permanentes Phänomen, ethnische Identität als ständig	Pluralistische Politik	• Anderssein wird akzeptiert • Ehrliches oder ausbeutendes „Umarmen des Fremden" • Unterstützung kommunaler, ethnisch basierter Unterscheidungen	• Ethnisch zentrierte Bildungsmaßnahmen und Unternehmensunterstützung • Maßnahmen zur Arbeitsmarktintegration von ethnischen Minderheiten • Feiern und/oder Ausbeutung ethnischen Andersseins durch Festivals, Veranstaltungen, Enklaven und Unternehmensnetzwerke
Migration und ethnische Communities als permanentes Phänomen, ethnische Identität als sekundär, soll nicht im Vordergrund stehen	Integrationistische, interkulturelle Politik	• Anderssein wird akzeptiert, aber nicht gefördert • Integrative Maßnahmen, Communityübergreifende Aktivitäten und Unterstützung	• Arbeitsmarkt- und Unternehmensförderung zunehmend unabhängig von ethnischen Kriterien. • Ethnische Differenz wird anerkannt als Teil des kommunalen Marketings, Strategien zur Internationalisierung von Tourismus und Unternehmen • Restriktive und selektive Politiken für migrantische Arbeitnehmerinnen und Arbeitnehmer

Tatsächlich kann die Ausrichtung kommunaler Politik im Bereich der Integration einen enormen Unterschied für die Integration von Migrantinnen und Migranten machen. Dies führt dazu, dass Städte mit einer dezidierten Integrationspolitik nicht nur erhebliche Fortschritte in der Integration verzeichnen, sondern ein eigenes Cluster bilden.

> „[…] it is mainly cities, which, like Munich and Barcelona make efforts to impose their own model and creating significantly different conditions for immigrants which become 'islands of the blessed' (or 'of the doomed' in the case of restrictive cities) for immigrants, and thereby modify the 'flatness' of national and regional immigration models. Cities with a rather inclusive orientation like Barcelona and Munich, might then, through their specific efforts, become more alike even across national boundaries, as long as the national policy framework they work in does not derive too far from the norm. The majority of cities, in particular smaller and less resourceful, but also simply less ambitious ones, might, however, simply implement their respective national and regional integration policy models and not constitute a big difference" (Gebhardt 2015: 28).

Kommunale Akteure entwickeln eigene Diskurse und Typologien der Migrantinnen und Migranten, etwa zur Abgrenzung von integrierten und nicht integrierten Migrantinnen und Migranten (Scuzzarello 2015; Hoekstra 2015). Scuzzarello weist in ihrer Arbeit über die diskursiven Konstruktionen kommunaler Akteure in Bologna und Malmö nach, dass diese Typologisierungen eng von den jeweiligen Machtverhältnissen abhängig sind:

> „[…] the reasoning and justifications used by actors in the policy community are involved with relations of power. Depending on which narrative gains visibility and legitimacy in the public domain and which plot is emphasized, some groups´ concerns are addressed while others´ are excluded: responsibility for an issue is distributed; praise and blame are attributed. In the context of diverse societies, this has profound democratic implications. Migrants who are positioned as "non-integrated" are more easily ignored – their needs not listened to or assessed, but rather interpreted by external experts. They are also easily blamed for wider societal problems such as unemployment and criminality and thus further positioned at the margins of society" (Scuzzarello 2015: 71).

Was sind nun die Grundsätze nachhaltiger und kohärenter kommunaler Integrationspolitiken? Die International Organization of Migration (IOM 2015) stellt fest, dass Migrantinnen und Migranten in Städten v. a. folgende Hürden vorfinden: Sprachdefizite, rechtliche Barrieren, keine politische Vertretung, fehlende Anbindung zu Netzwerken und Mangel an Kenntnissen über lokale Gegebenheiten, Diskriminierung und ablehnende Einstellungen. Diese Hürden führen wiederum zu Schwierigkeiten beim Zugang zum Gesundheitssystem, zu Beschäftigung, Finanzdienstleistungen, Wohnungen, Bildung und Informationen.

Kommunen spielen laut der IOM bei der Arbeitsmarktintegration von Migrantinnen und Migranten in folgenden Bereichen eine Rolle (siehe Abbildung 1).

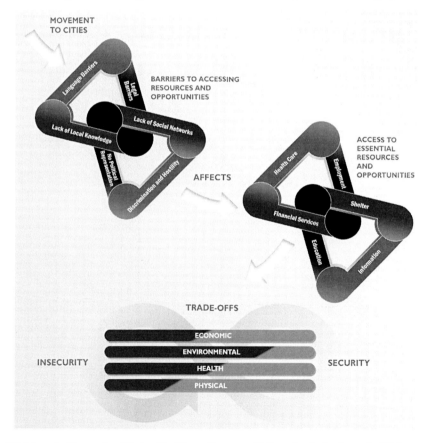

Abbildung 1: Allgemeine Hürden für Migrantinnen und Migranten beim Zuzug in Städte
(IOM 2015: 83)

In der Politikgestaltung ist es von Bedeutung, dass auch niedrigqualifizierte Migrantinnen und Migranten in den Diskurs um die kreative bzw. wettbewerbsfähige Stadt mit einbezogen werden. Gebhardt (2015) warnt davor, den Fokus zu stark auf die diskursive Ebene kommunaler Akteure zu legen und die konkreten Politiken zu vernachlässigen. Er erwähnt „typical discrepancies or 'gaps' between discourse and policies, between integration policies on paper and their implementation; and implemented policies and their effects. [...] more weight should be given to the analysis of concrete policies rather than discourse" (Gebhardt 2015: 5). Städte können bspw. die Anerkennung ausländischer Abschlüsse und die Arbeitsmarktintegration durch die Schaffung von Informations- und Beratungsstrukturen erleichtern.

Kommunen können als Mittler agieren, die die Vielzahl der Akteure koordinieren. Dazu gehören die Arbeitsverwaltungen, NGOs, Bildungseinrichtungen, Berufsschulen, Arbeitgeber, Gewerkschaften, Kammern, MSOs und der gemeinnützige Bereich. Die Akteure, die Integrationsprozesse entscheidend mitbestimmen, sind die Migrantinnen und Migranten selbst, zumindest in der Anfangsphase, die Herkunftsländer und ihre Regierungen sowie die Aufnahmegesellschaften. Integrationspolitiken sind Teil institutioneller Arrangements der Aufnahmegesellschaften. Integrationsprozesse finden auf verschiedenen Ebenen statt: Auf der Ebene der Migrantinnen und Migranten, innerhalb ihrer Gruppen sowie der Aufnahmegesellschaft und ihrer Institutionen.

Kommunen sind oftmals die größten Arbeitgeber. Ihre *Diversity*-Strategien beinhalten eine Veränderung der eigenen Organisationsstruktur, eine stärkere Beschäftigung von Migrantinnen und Migranten und interkulturelles Training für die Angestellten.

Kommunen, die Dienstleistungen in Anspruch nehmen, Aufträge über öffentliche Vergaben erteilen, Infrastruktur durch Dritte bauen lassen, können auch in diesem Bereich Aspekte der Diversität, z. B. in die Vertragsgestaltung und Vergabekriterien, aufnehmen.

Kommunale Maßnahmen, die auf die Arbeitsmarktintegration von Migrantinnen und Migranten abzielen, unterliegen einer eigenen Logik. Zwar sind spezifische, maßgeschneiderte Angebote am effektivsten, sie bergen allerdings auch das Risiko, dass einige Gruppen ausgeschlossen werden (vgl. Giguere 2006). Der Fokus auf eine schnelle Arbeitsmarktintegration kann einen „lock-in" Effekt haben,

d. h., dass Migrantinnen und Migranten in den Niedriglohnbereich einsteigen und dauerhaft Beschäftigungen ausüben, für die sie eigentlich überqualifiziert sind. Drittens, die Zuwanderung unterschiedlicher Gruppen stellt kommunale Akteure vor die Herausforderung, die spezifischen Bedürfnisse und Profile dieser neuen Zuwanderungsgruppen zu identifizieren (Green 2006).

Nachhaltigkeit und Beständigkeit der Maßnahmen und Ansätze sind wichtige Voraussetzungen für ihr Gelingen. Zeit ist dabei wichtig, sie ist eine eigenständige Variable der kommunalen Integrationspolitik. Zwar gibt es durchaus Unterschiede zwischen Migrantinnen und Migranten, was die Geschwindigkeit des Erlernens von Sprache und kulturellen Instrumenten angeht. Entscheidend sind auch die individuellen Bildungsverläufe, Auslandsaufenthalte und der soziale Hintergrund. Dennoch benötigen Integrationsprozesse schlichtweg Zeit, um erfolgreich verlaufen zu können. Die Forschung kommt zu dem Schluss, dass sowohl bei der Untersuchung der Integration unterschiedlicher Gruppen in einem gleichen Kontext als auch bei der Betrachtung gleicher Gruppen in unterschiedlichen Kontexten unterschiedliche Ergebnisse möglich sind (Penninx 2000).

Integrationspolitiken sollten sich gemäß Penninx et al. 2006, Penninx 2007 und Gebhardt (2015) an den folgenden Prinzipien ausrichten:

1) Effizienz: Sie steigt erheblich, wenn die Regeln bzgl. der Aufnahme und des Zugangs transparent sind. Kommunen sind besonders in diesem Bereich z. T. von der nationalen Ebene abhängig, aber auch sie haben Spielräume, um die politische Partizipation zu fördern.
2) Integrationspolitiken müssen alle Bereiche berücksichtigen, auch diejenigen, die von Migrantinnen und Migranten selbst formuliert werden. Bereiche wie Arbeitsmarkt, Bildung, Wohnen und Gesundheit sind zwar äußerst wichtig. Um die langfristige Integration zu gewährleisten, sollte jedoch auch der Bereich der Politik und der der Religion berücksichtigt werden.
3) Kommunale Integrationspolitiken müssen alle Akteure der verschiedenen Ebenen in einer Weise miteinbeziehen, die die „Ansätze von oben" mit der „Mobilisierung von unten" kombiniert. Der Ausgang des Prozesses sollte – in den Grenzen der liberalen und demokratischen Gesellschaft – transparent sein. Kommunale Integrationspolitik sollte die Potenziale der diversen Migrantengruppen mobilisieren und Player der Zivilgesellschaft (wie Gewerkschaften, Kirchen, Arbeitgeberverbände usw.) einbinden.

4) Kommunale Integrationspolitiken sollten durch ein Monitoringverfahren begleitet werden. Monitoringverfahren tragen dazu bei, ein empirisches Diagnoseinstrument zu erarbeiten und damit ein Steuerungsinstrument zu schaffen.
5) Ferner erscheint es sinnvoll, dass Kommunen eine Art Toolkit für Neuzugewanderte erarbeiten, welches Instrumente anbietet, um sich selbstständig einen Platz in der Gesellschaft zu sichern, bestenfalls in Verbindung mit individuellen Arbeitsmarkt- oder Bildungsintegrationsverläufen.
6) Kommunale Institutionen sollten die Vielfalt der Bevölkerung reflektieren und abbilden, indem sie entsprechend Migrantinnen und Migranten einstellen. Kommunale Einrichtungen sind auf den Bedarf von Migrantinnen und Migranten einzustellen, es sollte eine Art „Mainstreaming" einsetzen, Integrationspolitik zu einer Querschnittsaufgabe zu machen.
7) Die Koordination aller Akteure ist ein integraler Bestandteil kommunaler Integrationspolitiken. Darüber hinaus muss die Koordination zwischen kommunalen und nationalen Integrationspolitiken erheblich verbessert werden. Als Beispiele hierfür seien die nationalen Integrationspläne Deutschlands, Schwedens und Österreichs genannt (Gebhardt 2014).

Eine Untersuchung für die Europäische Kommission verglich im Rahmen einer Studie die Integration von innereuropäischen Migrantinnen und Migranten in vier europäischen Städten (Frankfurt, Mailand, Leeds und Rotterdam) und spricht folgende Empfehlungen für kommunale Integrationspolitiken aus (vgl. Cancedda et al. 2015, siehe Tabelle 2).

Tabelle 2: Zusammenstellung von Empfehlungen für kommunale Integrationspolitiken (Eigene Darstellung nach Cancedda et al. 2015; Cities for Local Integration Policy (CLIP) 2008; European Urban Knowledge Network (EUKN) 2016; Pfeffer-Hoffmann 2016)

	Cancedda et al. 2015	CLIP 2008	EUKN 2016	Pfeffer-Hoffmann 2016
Allgemeine Grundsätze	Entwicklung eines ausgeglichenen Ansatzes, der Risiken minimiert und Chancen maximiert. Deutliche Verbesserung der Datenlage und des Wissens über die neue innereuropäische Zuwanderung. Einbindung zentraler Stakeholder, gezielte Förderung des Potenzials von MSOs, Schulung und Spezialisierung der Regeleinrichtungen wie etwa Arbeitsagenturen, Sicherung eines nachhaltigen und beständigen Angebots, Verbesserung der Information der Arbeitgeber, Koordinierung der unterschiedlichen Akteure.	Integrationspolitik *mainstreamen*, zur Chefsache machen. Proaktiv über Antidiskriminierungsmaßnahmen hinausgehen. Bestandsaufnahme anstellen und Strategien entwickeln. Datenlage verbessern und Fortschritte evaluieren. Eine effektive Kommunikationsstrategie entwickeln. Partnerschaften mit Stakeholdern, wie NGOs, Gewerkschaften usw. eingehen	Diversität der innereuropäischen Mobilität anerkennen und in den Datensammlungen berücksichtigen. Kenntnisstand über innereuropäische Mobilität verbessern, Quellen kombinieren und die Zusammenarbeit mit MSOs suchen. Orientierungs- und Sprachkurse müssen die unterschiedlichen Zielsetzungen, etwa Bleibeabsichten, berücksichtigen. Die besonderen Bedürfnisse innereuropäischer Migrantinnen und Migranten, vor allem derer, die besonders benachteiligt sind, sind zu berücksichtigen.	Bildungs- und Integrationsmaßnahmen weniger an Herkunftsländern und Aufenthaltsstatus, als an Bildungshintergründen und Berufsfeldern ausrichten. Arbeitsmarktintegration von EU-Zuwandern den gehört als langfristiges Querschnittsthema auf die politische Agenda. Auseinandersetzung mit Vorurteilen und Diskriminierung soll Querschnittsthema für alle Integrationsmaßnahmen und -strukturen sein.
Spezifische Maßnahmen	Ausweitung des Sprachkursangebotes. Aufbau eines integralen One-Stop-Shop-Beratungsangebotes. Anerkennung der Qualifikationen. Bekämpfung der Ausbeutung am Arbeitsplatz. Verbesserung des Zuganges zu Wohnraum.		Zugang von innereuropäischen Migrantinnen und Migranten zu allen Dienstleistungen für Migranten gewährleisten. Die räumlichen Auswirkungen innereuropäischer Mobilität beobachten.	Implementierung von aufsuchender Beratung und muttersprachlichen Angeboten in sozialen Medien. Stärkere Einbeziehung der sozialen Medien, Internetplattformen für Neuzugewanderte, Vereine, MSOs und Sprachschulen. Stärkung von Online-Beratungsangeboten, frühzeitige Kontaktaufnahme mit Neueingewanderten.

	Cancedda et al. 2015	CLIP 2008	EUKN 2016	Pfeffer-Hoffmann 2016
Willkommensstruktur	Willkommensstrukturen, die gezielt Informationen über verschiedene Bereiche anbieten.	Aufbau einer Struktur, die gewährleistet, dass Migrantinnen und Migranten frühzeitig Zugang zu Informationen, Sprachkursen und Beratung haben.	Geeignete Strukturen für die Ankunft, Information, den Spracherwerb und das Wohnen für innereuropäische Migrantinnen und Migranten sind zu entwickeln.	Aufbau von Willkommenszentren, breit angelegte Kampagne in den Herkunftsländern sowie in sozialen Medien und Netzwerken in Deutschland.
Arbeitsmarktintegration	Initiativen, um innereuropäische Migrantinnen und Migranten anzuwerben. Maßnahmen, um neuzugewanderte EU-Staatsbürgerinnen und -bürger in den Arbeitsmarkt zu integrieren, die von branchenspezifischen Vermittlungsdienstleistungen bis hin zu arbeitsmarktrelevanten Bildungsangeboten, wie etwa Sprachkursen, gehen. Angebote, um die Rechte der neuzugewanderten Arbeitnehmerinnen und -nehmer zu schützen, oftmals in enger Zusammenarbeit mit Gewerkschaften. Förderung der Selbstständigkeit der Neuzugewanderten.	Zugang von Migrantinnen und Migranten zu öffentlicher Beschäftigung verbessern. Umfeld und Arbeitsbedingungen an die Bedürfnisse von Migrantinnen und Migranten anpassen. Diversity- und Gleichstellungsstandards für öffentliche Aufträge festschreiben.		Unterstützung von Unternehmen bei der Akquise und Einstellung von Neuzugewanderten. Ausweitung der muttersprachlichen Beratungsangebote, stärkere Einbindung von Arbeitgeberverbänden, MSOs. Verstärkte Einstellung von Neuzugewanderten durch die öffentliche Verwaltung. Verbesserung der Arbeitsvermittlung durch communityspezifische Jobbörsen. Unterstützung der innerbetrieblichen Integration durch MSOs, Mentoringprogramme u. Ä. Verbesserung des Anerkennungsverfahrens, Ausbau der Anerkennungsberatung.
Zugang zu sozialen Dienstleistungen	Information und Beratung, sowohl online als auch Face-to-Face. Dazu gehören Gruppenberatungen und Netzwerke, in denen auch MSOs vertreten sind. Maßgeschneiderte Angebote im Bereich des Zugangs zum Gesundheitssystem.		Zugang von innereuropäischen Migrantinnen und Migranten zu allen Regeldiensten (u. a. Wohnen, Gesundheit, Pflege und Bildung) gewährleisten.	

	Cancedda et al. 2015	CLIP 2008	EUKN 2016	Pfeffer-Hoffmann 2016
Soziale, kulturelle und politische Teilhabe	Sprachkurse. Die Kommunen setzen teilweise auf nationale Sprachförderungsprogramme oder entwickeln eigene Konzepte in enger Zusammenarbeit mit privaten Anbietern oder NGOs. Unterstützung von MSOs und NGOs zur Förderung der sozialen, kulturellen, religiösen und/oder politischen Teilhabe. Spezifische Programme zur Unterstützung besonders benachteiligter Neuzugewanderter wie etwa den Roma und Sinti.	Einbeziehung und Partizipation von Migrantinnen und Migranten institutionalisieren.		Verbesserter Zugang zu Sprachkursen, mehr Information über Sprachkursangebote, zusätzliche Finanzierung von Angeboten, Ausbau branchenspezifischer und berufsorientierter Sprachkurse, Entwicklung und Erprobung alternativer Lernformen, wie Lernen am Arbeitsplatz. Arbeitsmarktorientierte Inhalte in die Sprachkurse einbauen. Anerkennungs- und Bildungsberatung sollten ebenfalls Bestandteil der Sprachkurse sein Nachhaltigkeit der Beratungsangebote der MSO durch eine langfristige Finanzierung sichern.

Die Koordination verschiedener Akteure ist eine der vorrangigsten Aufgaben kommunaler Integrationspolitik. Aumüller et al. (2016) haben die Ansätze kommunaler Flüchtlingspolitik untersucht und kommen zu dem Schluss, dass kommunale Flüchtlingsarbeit von einer Koordinierung der verschiedenen Akteure profitiert:

„Hier können Ressourcen und Know-how gebündelt werden, um die Aufnahme zu verbessern. Weiterhin wirkt sich dieser Austausch in vielerlei Hinsicht positiv auf die Reaktionen der einheimischen Bevölkerung aus, da hierdurch akzeptanzfördernde Maßnahmen wie Integrations- und Betreuungsangebote sowie Transparenz und Beteiligung unterstützt werden" (Aumüller et al. 2016: 164).

Von besonderem Interesse sind in diesem Zusammenhang zwei Typen von Institutionen: Zum einen öffentliche Institutionen, allen voran kommunale Institutionen, die zumindest den Anspruch haben, alle Bürgerinnen und Bürger ungeachtet ihrer Herkunft anzusprechen. Diese Institutionen sind an Gesetze gebunden, sie richten ihr Handeln an festgeschriebenen (und ungeschriebenen) Normen aus. Institutionen können Migrantinnen und Migranten jedoch gänzlich (bspw.

von der politischen Partizipation) oder partiell (bspw. von Sozialleistungen) ausschließen. Auf der anderen Seite sind die Institutionen interessant, die ausdrücklich von und/oder für Migrantinnen und Migranten gegründet wurden. Sie richten sich sowohl an private Individuen, können aber auch eine erhebliche Bedeutung für den gesellschaftlichen Bereich haben. Institutionen bilden Strukturen, welche Möglichkeiten eröffnen und/oder Einschränkungen beinhalten. Individuen können sich aber mobilisieren und Institutionen verändern.

Besonders kommunale Integrationspolitiken, die auf die Arbeitsmarktintegration der Migrantinnen und Migranten abzielen, bedürfen einer engen Koordination aller Akteure.

> „City-led employment initiatives are found in all areas of policy concerns such as social inclusion, community development, entrepreneurship assistance, education and training. These services are often relatively small scale, linked to a limited target group and delivered in a single location. However, training institutions and non-governmental organizations often operate without up-to-date information about labour market needs, hence providing relatively generic labour market advice. There is a lot of duplication in services among organizations who lack expertise in the local labour market and links with employment services. This can lead to a limited focus on the migrants' perceived lack of personal confidence and job search skills rather than on helping migrants to understand and respond to local demands (OECD 2006). Given the fast speed of change of the local labour market, organizations need to be aware of the latest labour market demands in order to accurately guide migrants towards realistic employment routes" (IOM 2015: 133).

Die Institutionalisierung und Verstetigung von Vernetzung und Koordination ist primär Aufgabe der Kommunen, die diese zu einem festen Bestandteil ihrer Integrationspolitiken machen sollten. „Da Vernetzung zeitaufwändig und das Zeitbudget gerade ehrenamtlich tätiger Personen begrenzt ist, kommt es darauf an, Netzwerkschnittstellen zu schaffen, in denen Informationen sinnvoll gebündelt und weiterverbreitet werden" (Aumüller et al. 2016: 164).

Städte können eine bedeutende Rolle bei der Herausbildung von sozialem Kapital der Migrantinnen und Migranten bilden, und zwar des sogenannten „Bridging Social Capital", desjenigen, das Neuzugewanderten dazu dient, Zugang zu lokalen Netzwerken zu finden (Kilpatrick et al. 2015).

„The meso space between the individual and state and national society is where inclusion or exclusion in the regional city took place. [...] Those groups that appear to be effective in forging social connections that support macro-economic and civic outcomes, such as employment, assisted migrants to create new forms of cultural capital" (Kilpatrick et al. 2015: 216f.).

Fester Bestandteil einer erfolgreichen und komplexen kommunalen Integrationspolitik, die auf die Herausbildung sozialen Kapitals setzt, ist die feste Einbeziehung der Migrantinnen und Migranten in die politischen Prozesse. Und zwar sowohl auf individueller Ebene, als auch durch Vertreterinnen und Vertreter der jeweiligen migrantischen Gruppen (Moore 2001, 2004).

In der Migrationsforschung ist allgemein bekannt, dass die eigenen häufig informellen Netzwerke der Migrantinnen und Migranten zumindest in der Anfangsphase die primäre Anlaufstelle im Zielland sind. NGOs, MSOs und staatliche Organisationen spielen eine zunehmend wichtige Rolle. Sie ergänzen sich gegenseitig, v. a. was den Zugang zu den Communities angeht. Bei finanzieller Überbelastung kommt es vor, dass Kommunen Kernaufgaben der Sozial- und Integrationspolitik an NGOs delegieren, um den Kostendruck zu mildern (Joassart-Marcelli 2013). Die räumliche Verteilung der NGOs und MSOs entspricht häufig nicht der tatsächlichen Verteilung der Migration im städtischen Raum. NGOs und MSOs sind stark abhängig von öffentlichen finanziellen Zuwendungen und siedeln sich bisweilen nach anderen Kriterien als der tatsächlichen Wohnbevölkerung an. Häufig entscheidet die Allokation öffentlicher Mittel darüber, wo sich Organisationen niederlassen oder wo sie agieren (Joassart-Marcelli 2013). NGOs und MSOs können kommunale Strukturen ergänzen, aber nur schwerlich ersetzen, v. a. Migrationsgruppen, die am stärksten von Risiken wie Armut betroffen sind, laufen ansonsten Gefahr, ausgeschlossen zu werden (ebd.).

NGOs und MSOs unterstützen Migrantinnen und Migranten im Bereich der Rechtsberatung, aber auch in Fragen der Bildung, des Arbeitsmarktzuganges, der Gesundheit und des Wohnens (Joassart-Marcelli 2013). Sie dienen dem Transfer von kulturellem und sozialem Kapital und erfüllen zudem die Aufgaben der Advocacy und der Förderung der politischen und gesellschaftlichen Partizipation und Integration. Verschiedene Forschungsarbeiten stellen jedoch erhebliche Unterschiede in der Ausrichtung der MSOs und der Bereitschaft der verschiedenen Communities, sich in MSOs zu engagieren, fest (Hung 2007; Zhou 2009).

Ansätze der Sozialarbeit sprechen im Zusammenhang mit Migration häufig von Empowerment (Dierckx & Van Dam 2014). In Anlehnung an Rappaport (1987) und andere Autorinnen und Autoren (z. B. Gutiérrez et al. 1995) wird Empowerment definiert als „the process of people, organisations and communities increasing or gaining control over their lives and becoming active participants in efforts to influence their environment" (Dierckx & Van Dam 2014: 106).

Es handelt sich dabei primär um individuelle Strategien, die jedoch in lokale Wohlfahrtssysteme eingebettet sind. Lokale Wohlfahrtssysteme zeichnen sich durch ganz unterschiedliche Kombinationen von informellen, zivilgesellschaftlichen und institutionellen Netzwerken aus, während Migrantinnen und Migranten als Zielgruppe wiederum eine erhebliche Vielfalt aufweisen. Dies macht es unumgänglich, maßgeschneiderte und proaktive Angebote zu entwickeln, die dieser Diversität gerecht werden (Dierckx & Van Dam 2014).

Eine Untersuchung der kommunalen Strategien zur Armutsbekämpfung von Migrantinnen und Migranten in Antwerpen belegt die Notwendigkeit des Spracherwerbs, der lokalen Verankerung kommunaler Politiken und der Bedeutung, aber auch gleichzeitig der Beschränkungen von zivilgesellschaftlichen Organisationen (Dierckx & Van Dam 2014).

Die Strategie der Einbindung der MSOs in kommunale Integrationspolitiken werden von einigen Autorinnen und Autoren als Maßnahmen eines „soft neoliberalism" verortet (Blokland et al. 2015). Dieser schlägt sich im „Governing through community" Ansatz nieder (Rose 2000, 1996), „which consists in cities´ efforts to activate and integrate civil society actors, local communities and so-called third sector organizations into local systems of governance" (Blokland et al. 2015: 658).

Ob die Beteiligung der MSOs jedoch einer Vereinnahmung durch die kommunalen Institutionen gleichzustellen ist, hängt primär von der konkreten Ausgestaltung der Partizipation durch die Organisationen der Migrantinnen und Migranten ab.

> „Rather than assuming that participatory tools either co-opt movements or can be appropriated by them, we need to ask how participatory structures and political agency constitute each other, and how participatory and acti-

vating mechanisms mediate between particular urban structures and regimes on the one hand, and particular modes of protest and participation on the other" (Kemp et al. 2015: 722).

2.9. Strategien kommunaler Integrationspolitiken: Der communityzentrierte Ansatz

In den vorherigen Abschnitten wurde der Versuch unternommen, kommunale Integrationspolitiken kritisch zu reflektieren, sie in Bezug auf mehrere institutionelle Ebenen zu verorten sowie ihre Handlungsfelder und -strategien zu umreißen.

Dieser Abschnitt zielt darauf ab, die Grundzüge einer communityzentrierten, kommunalen Integrationsstrategie zu skizzieren, die der Diversifizierung der Neuzuwanderung gerecht wird und deren primäres Ziel es ist, Migrantinnen und Migranten eine ausbildungsadäquate Arbeitsmarktintegration zu ermöglichen. Zentral für diesen Ansatz ist die Einbeziehung der Migrantinnen und Migranten inklusive ihrer Organisationen in jeder Phase des Integrationsprozesses.

Dieser Abschnitt wird sich auf die Erfahrungen stützen, die Minor –Projektkontor für Bildung und Forschung e.V. in verschiedenen Projekten der praxisorientierten und politiknahen Auftragsforschung gemacht hat (Pfeffer-Hoffmann 2014, 2015a, 2015b, 2016; Pfeffer-Hoffmann et al. 2015; Minor – Projektkontor für Bildung und Forschung e.V. 2016; Faraco Blanco et al. 2015). Eine Kurzbeschreibung der Forschungsvorhaben ist Anhang 2 zu entnehmen. Allen Projekten ist gemeinsam, dass sie sich mit der Arbeitsmarktintegration von neuzugewanderten europäischen Staatsbürgerinnen und -bürgern in Berlin (teilweise in ganz Deutschland) widmen und den Anspruch haben, politischen Akteuren praxisorientierte Handlungsempfehlungen zu unterbreiten. Zudem sind sie praxiserprobt, denn Bestandteil einiger dieser Forschungsvorhaben ist die Umsetzung innovativer Interventionen und konkreter Maßnahmen in enger Zusammenarbeit mit MSOs.

Kommunale Integrationspolitik lässt sich auf der Grundlage von vier zentralen Eckpunkten betrachten: Generierung und Transfer von Wissen, Koordination der Akteure, Mainstreaming von Integration und *Diversity* sowie durch die konkrete Beratung, Betreuung und Unterstützung von Migrantinnen und Migranten (siehe Abbildung 2).

Abbildung 2: Eckpunkte einer kommunalen Integrationspolitik
(Eigene Darstellung)

Einer der Grundsätze des communityzentrierten Ansatzes ist die aktive Partizipation der Migrantinnen und Migranten sowie der MSOs in jedem dieser Handlungsfelder (siehe Tabelle 3). Entscheidend für das Gelingen konkreter Integrationsmaßnahmen ist z. B. die Einbeziehung von MSOs bereits in der Phase der Bestandsaufnahme und der Entwicklung von Strategien, um eine in der Realität verankerte Sicht auf das Migrationsgeschehen zu bekommen und die Maßnahmen entsprechend gestalten zu können. Migrantische Akteure sind dabei allerdings mehr als nur „Brücken" zu den Communities. Von Bedeutung ist ihr Machtverhältnis zu den anderen Akteuren im „Machtfeld Stadt". Das inkorporierte Wissen der MSOs kann nicht einfach abgeschöpft werden, während gleichzeitig ihre Forderungen und Ansprüche ignoriert werden.

Tabelle 3: Handlungsfelder des Community-Ansatzes
(Eigene Darstellung)

Handlungsfelder kommunaler Integrationspolitik	Information und Beratung	Mainstreaming	Analyse	Koordination
Nutzung und Förderung der Ressourcen der Community	Soziale Medien, Webseiten. Gruppenberatung, Einzelberatung.	Diversity. Stärkere Präsenz von Migrantinnen und Migranten.	Beteiligung an Bestandsaufnahme und Bedarfsanalyse.	Beteiligung an Koordination.
		Einbindung der MSO in alle Maßnahmen		

Kommunale Integrationspolitik beginnt schon vor der Ankunft der Zuwandernden. Die Migration vom Herkunfts- ins Zielland unterteilt sich nach einem vereinfachten Prozessmodell in drei Phasen. Erstens, die Vormigration im Herkunftsland, zweitens die Vorintegration oder Orientierungsphase im Zielland und drittens die Integration in den Arbeitsmarkt (siehe Abbildung 3). Das Gelingen der Integration von Neuzugewanderten entscheidet sich nicht erst nach der Ankunft und endet auch nicht mit der Arbeitsaufnahme. Entscheidende Weichenstellungen, wie bspw. die Orientierung über berufliche Integrationswege und den Spracherwerb, werden oft bereits im Herkunftsland gestellt. Beide sind entscheidend dafür, ob die Migrantin oder der Migrant eine ausbildungsadäquate Beschäftigung findet.

Abbildung 3: Prozesskette der Neuzuwanderung
(Eigene Darstellung)

Gestaltung der europäischen Arbeitsmigration – Analysen, Strategien und Praxismethoden

Eine zweite, differenziertere Prozesskette umfasst die Phasen, die die Migrantinnen und Migranten mit dem Ziel durchlaufen, eine ausbildungsadäquate Beschäftigung im Zielland zu finden. In der Abbildung 4 wird die Prozesskette durch typische Fragen für jede der Phasen beschrieben.

Abbildung 4: Prozesskette der Arbeitsmarktintegration von Neuzugewanderten
(Eigene Darstellung)

Kommunale Integrationsstrategien sollten auf jede der Phasen dieser beiden miteinander verbundenen Prozessketten einwirken. Die vier Handlungsfelder des Community-Ansatzes (Information und Beratung, Mainstreaming, Analyse, Koordination) wurden zuvor bereits umrissen. Die folgenden Ausführungen konzentrieren sich daher auf eine communityzentrierte Bestandsaufnahme sowie Beratung und Koordination.

Die Vorinformationen, die sich die Migrantinnen und Migranten vor der eigentlichen Ausreise bereits im Herkunftsland aneignen, können für den Erfolg der Arbeitsmarktintegration entscheidend sein. Einige der o. g. Publikationen (siehe Anhang 2) geben die Ergebnisse quantitativer und qualitativer Befragungen von

Neuzugewanderten wieder. Sie ergaben, dass die Aneignung von Informationen im Vorfeld nicht sehr ausgeprägt ist. Von größtem Interesse im Vorfeld sind Informationen zu den Lebenshaltungskosten, gefolgt von den Möglichkeiten Deutsch zu lernen und erst an dritter Stelle rangieren Fragen zum lokalen Arbeitsmarkt (siehe Abbildung 5).

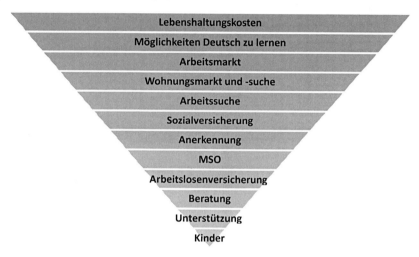

Abbildung 5: Vorabinformation im Herkunftsland
(Eigene Darstellung)

Die nachstehende Grafik fasst die zentralen Herausforderungen bei der Arbeitssuche im Zielland zusammen. Allen voran genannt seien der migrationsbedingte Mangel an Netzwerken und Kontakten; sprachbedingte Probleme; Schwierigkeiten, das eigene Profil zu positionieren und mangelnde Kenntnisse über das Bewerbungsverfahren und die Bewerbungsunterlagen (siehe Abbildung 6).

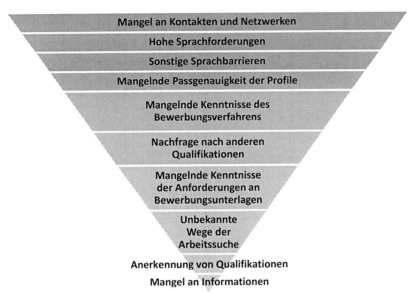

Abbildung 6: Herausforderungen bei der Arbeitssuche
(Eigene Darstellung)

Von besonderer Bedeutung für Migrantinnen und Migranten im Zielland sind hingegen eher informelle Netzwerke, Freunde und Verwandte, soziale Netzwerke, aber auch Webseiten und Blogs (siehe Abbildung 7). Es fällt auf, dass Akteure wie etwa Sprachschulen eine Rolle als Informationsquelle zur Arbeitsintegration spielen, obwohl sie eigentlich nur die Vermittlung von Sprachkenntnissen als Aufgabe haben. Das deutet darauf hin, dass Neuzugewanderte pragmatisch vorgehen und institutionelle Angebote nur selten nutzen, wie auch die genannten Befragungen zeigen. Hilfe und Unterstützung suchen sie eher dort, wo sie sich aufhalten.

Kommunale Integrationsstrategien: Entwurf eines communityzentrierten Ansatzes

Abbildung 7: Bedeutung verschiedener Integrations- und Unterstützungsangebote
(Eigene Darstellung)

Die Abbildung 8 zeigt auf, welche Unterstützung und Hilfe Migrantinnen und Migranten für eine bessere Orientierung in Anspruch nehmen, um institutionellen Anforderungen gerecht zu werden und um Arbeit zu finden.

Abbildung 8: Bedeutung verschiedener Integrations- und Unterstützungsangebote
(Eigene Darstellung)

Zusammenfassend lässt sich festhalten, dass die Informationsgewinnung im Vorfeld der angestrebten Migration der Neuzugewanderten größtenteils unzureichend ist, v. a. in Bezug auf arbeitsmarktrelevante Themen (z. B. Voraussetzungen und Wege der Arbeitsmarktintegration), aber auch was die Möglichkeiten der Informationsbeschaffung angeht. Migrationsspezifische Probleme bei der Arbeitssuche sind, wie oben erläutert, häufig netzwerkbedingt, sprachbezogen oder auf einen Mangel an „kulturell"-relevanten Kenntnissen, wie bspw. in Bezug auf die landestypischen Bewerbungsgepflogenheiten, zurückzuführen. Entsprechend schätzen Migrantinnen und Migranten v. a. Beratungsangebote, die praktische Orientierung in der neuen Umgebung liefern. Sie stützen sich bei der Arbeitssuche allerdings bisher vorrangig auf informelle oder arbeitsmarktferne Akteure, wie bspw. die Sprachschulen, die sie besuchen.

Drei Ansätze, die Arbeitsmarktintegration der neuzugewanderten EU-Staatsbürgerinnen und -bürger zu unterstützen, wurden von Minor partiell erprobt und haben sich als effektiv erwiesen: Die communityzentrierte Analyse in Form der Bestandsaufnahme und Entwicklung von kommunalen Integrationsstrategien, die communityzentrierte Beratungspyramide und die communityzentrierte Koordinierung der Akteure. Diese sollen im Folgenden näher erläutert werden.

2.9.1. Die communityzentrierte Analyse, Bestandsaufnahme und Entwicklung von kommunalen Integrationsstrategien

Im Hinblick auf die Zuwanderung junger Menschen aus Europa auf der Grundlage der Freizügigkeit gibt es wenig zuverlässige Zahlen, die für eine kommunale Fachkräftestrategie von Nutzen sein können. Weder die Meldestatistik, noch die Statistiken der Konsulate bilden die Neuzuwanderung zuverlässig ab. Die Daten der Arbeitsagentur sind ebenfalls nur begrenzt nutzbar, da sich nur ein Bruchteil der Neueingewanderten dort registriert. Um ein belastbares und differenziertes Profil der Neueingewanderten gewinnen zu können, eignet sich die Methode des „Locate Samplings". Dabei handelt es sich um eine Umfrage, die sowohl online als auch in gedruckter Form an die Migrantinnen und Migranten verbreitet wird und durch aktive Streuung eine möglichst hohe Zahl von Befragten erreicht. Diese Umfrage erfasst sozioökonomische Items sowie Fragenkomplexe zu den Themen Bildung, Sprache, Anerkennung, Migrationsmotive, Arbeitsintegration, soziale Einbindung u. a. Dazu wird intensiv mit Multiplikatorinnen und Multiplikatoren aus der regionalen Community zusammengearbeitet. Diese Methodik erlaubt es, stabile Kommunikations- und Kooperationsbeziehungen in den *Communities* aufzubauen, die auch nach einer Forschungsphase für konkrete Integrations- und Fachkräftebindungsmaßnahmen nutzbar sind.

Bestandteile dieses Ansatzes sind:

- der Aufbau eines Multiplikatorennetzwerkes in der *Community*
- die Durchführung von Workshops zur Entwicklung und Implementation der Befragungen in den Communities
- die Entwicklung und Abstimmung des Fragebogens
- die Befragung mehrerer hundert Neueingewanderter (je nach regionalem Fokus)
- die Ergänzung der quantitativen Erhebung durch qualitative Befragungen
- die Präsentation und Diskussion der Ergebnisse mit regionalen Stakeholdern (Arbeitgeber, Kammern, Gewerkschaften, Behörden, MSOs) und

— die Aufbereitung der Ergebnisse in Handlungsempfehlungen und einer Publikation.

Bei der Entwicklung arbeitsmarktorientierter und communityzentrierter Integrationsstrategien auf der Basis solcher partizipativen Analysen ist ein integriertes Konzept anzustreben, das Arbeitsmigration aus der EU und aus Drittstaaten sowie Fluchtmigration in den Blick nimmt. Es sollte darüber hinaus sowohl Auszubildende als auch Fachkräfte und neben dem Arbeitsmarkt auch die gesellschaftliche Integration berücksichtigen. Beteiligungsorientierte Verfahren mit den wichtigsten Stakeholdern aus Politik, Wirtschaft, Zivilgesellschaft und Behörden sind dabei für den Erfolg wesentlich.

2.9.2. Communityzentrierte Integrationsmaßnahmen

Aus den Analyseergebnissen ergeben sich konkrete Unterstützungsbedarfe der *Communities*, für die (in Kooperation mit den auf Neueingewanderte spezialisierten Programmakteuren der Kommune und anderer institutioneller Ebenen) ein Set an Integrationsmaßnahmen erarbeitet und erprobt werden können. Diese Integrationsmaßnahmen sollten flexibel auf die regionale Situation und Fachkräftestrategie anpassbar sein, regionale Akteure mit einbeziehen und durch diese langfristig umgesetzt werden. Erfahrungsgemäß sind für die Bindung und den Integrationserfolg von Neuzugewanderten aus der EU folgende Themen entscheidend: Regionaler Arbeitsmarkt, Arbeitssuche, Krankenversicherung, Rentenversicherung, Anerkennung, Selbstständigkeit, Wohnungssuche, Arbeitsrechte, soziale Vernetzung u. a.

Zu den Integrationsmaßnahmen, die direkt mit und bei Community-Organisationen durchgeführt werden können, gehören:

— Seminare zu den o. g. Themen

— Individuelle Beratung

— Multiplikatoren-Seminare

— Arbeitsmarktorientierte Sprachkurse

— Soziale Medienarbeit zur Erstinformation und Einbindung junger Zielgruppen.

Sinnvoll erscheint der Aufbau einer integrierten Beratungspyramide, die allgemein zugängliche Informationen bspw. über die kommunalen Internetplattformen bereithält, oder individuelle und bei Bedarf langfristige Coaching-Maßnahmen (siehe Abbildung 9). Entscheidend ist, dass sowohl die Beratung als auch die gedruckten oder im Internet veröffentlichten Informationspakete in den jeweiligen Sprachen zur Verfügung stehen und dass MSOs sowie die sozialen Medien der Communities fester Bestandteil dieser Beratungspyramide sind.

Abbildung 9: Wege der communityzentrierten Informationsvermittlung
(Eigene Darstellung)

2.9.3. Communityzentrierte Koordination

Die communityzentrierte Koordination meint die Bündelung von Maßnahmen, die das *Mainstreaming* von Integration und Diversity fördern, die Entwicklung von Standards und Qualitätskriterien voranbringen, MSOs in den Prozess mit einbinden und sie befähigen, sich aktiv zu beteiligen. Außerdem trägt sie dazu bei, den Wissenstransfer zwischen den Akteuren zu verstetigen und arbeitsmarktfremde – aber zentrale – Akteure wie Sprachschulen zu befähigen, die Arbeitsmarktintegration von Migrantinnen und Migranten besser zu unterstützen. Wichtige Elemente der Koordination können Vernetzungs- und Transferveranstaltungen sein, temporäre Koordinationsrunden zu Einzelthemen sowie Beiräte mit regionalen Behörden, Community-Vertreterinnen und -Vertreter und den Sozialpartnern (siehe Abbildung 10).

Abbildung 10: Handlungsfelder der Koordination
(Eigene Darstellung)

2.10. Schlussfolgerungen

Kommunen sind der zentrale Ort der Integration. Die Nähe zu den Politiken, die sie umsetzen sowie zu den Migrantinnen und Migranten und die Tatsache, dass die herkömmlichen Instrumente der Integrationspolitiken lokal verankert sind, prädestinieren Kommunen geradezu, eine herausragende Rolle im Integrationsgeschehen einzunehmen.

Es ist sicherlich richtig, von einer zunehmenden Kommunalisierung von Integrationspolitiken zu sprechen. Die Gründe dafür sind vielfältig und liegen nicht nur darin, dass kommunale Akteure eigene Kompetenzen mitbringen. Öfters spielen finanzielle Abwägungen eine Rolle. Die Dezentralisierung geht zudem einher mit einer Externalisierung von ursprünglich öffentlichen Aufgaben, d. h. mit der Entstehung eines neuen Mixes an Akteuren.

Integrationspolitiken sind in Europa traditionell von den Zentralstaaten und in einigen Fällen von den Regionen betrieben worden. In den letzten Jahren sind jedoch die Kommunen und die Europäische Union als neue Akteure hinzugekommen. In welchem Verhältnis stehen Kommunen und Zentralstaaten im Politikfeld der Integration? Die Befunde der Forschung sind nicht eindeutig. Während einige Untersuchungen von einer Komplementarität der Integrationspolitiken beider Ebenen ausgehen, kommen andere zu dem Schluss, es handele sich um divergierende Ansätze. Deutlich wird jedoch, dass kommunale und zentralstaatliche Integrationspolitik keine koinzidenten Interessen verfolgen und ihre Perspektive auf die Integration von Migrantinnen und Migranten nicht übereinstimmend, bisweilen sogar antagonistisch sind. Wichtig ist auch die Erkenntnis, dass Kommunen in den letzten Jahren auch in Deutschland wichtige Anstöße gegeben haben, damit nationale Regierungen sich integrativen Politiken überhaupt erst geöffnet haben. Kommunen haben Problemlagen früher erkannt, weil sie sich unmittelbar mit Herausforderungen beschäftigen mussten, die von den Regierungen noch gar nicht wahrgenommen wurden. Damit haben Kommunen Agenda-Setting auch auf nationaler Ebene betrieben. Ihre Rolle ist inzwischen auch von der Europäischen Kommission anerkannt und in entsprechende Förderprogramme aufgenommen worden. Nach wie vor besteht jedoch eine enorme Herausforderung in der Koordination im komplexen Mehrebenensystem; die politische Steuerung des Prozesses hinkt der Realität deutlich hinterher.

Städte standen bereits von Anbeginn der Beschäftigung der Sozialwissenschaften mit Migration im Fokus der Forschung. Städte, Bezirke, Straßenzüge waren der Bezugspunkt der Klassiker der Migrationsforschung. Im Laufe der Jahre hat sich das Interessensspektrum erheblich erweitert. Aktuelle Ansätze betrachten die Migrations- und Integrationspolitiken der Kommunen in globalisierten Wirtschaftsräumen, erkennen sie als eigenständige Akteure an, die eigene, zum Teil globale, Interessen verfolgen.

Unter diesem Gesichtspunkt wird Zuwanderung ein wichtiger Wirtschaftsfaktor für viele Städte, Kommunen haben Migrations- und Integrationspolitik als ein eigenständiges Politikfeld entdeckt, um im globalen Wettbewerb bestehen zu können. Es geht primär um die Vorhaltung eines ausreichenden Fachkräftepotenzials und um die Anziehung von potenziellen „high-performers". Gleichzeitig ist Diversität aber auch zu einem Markenzeichen für viele Städte geworden. Es kann geradezu von einem Wettbewerb gesprochen werden, welche Städte eine höhere Anziehungskraft ausüben. Es darf allerdings nicht übersehen werden, dass Kommunen bisweilen eine Politik der expliziten Ausgrenzung betreiben. Städte, Bezirke und Quartiere können auch zu Orten der Exklusion und Segregation werden.

Eine Herausforderung, der sich kommunale Integrationspolitiken stellen müssen, ist die der „Super-Diversity" der Neuzuwanderung, die letztlich nur ein Ausdruck der allgemeinen Ausdifferenzierung und Individualisierung von Gesellschaften ist. Wie kann angesichts einer solchen Diversität Politik zielgruppenorientiert formuliert und umgesetzt werden? Was bedeutet das Aufkommen neuer Communities und Akteure für das Verhältnis der Kommunen zu alteingesessenen Migrantinnen und Migranten? Deutlich wird vor allem, dass eine genaue Kenntnis dieser sich ständig verändernden, volatilen und komplexen Realität vonnöten ist.

Welche Ansätze kommunaler Integrationspolitiken lassen sich identifizieren? Kommunale Integrationspolitiken unterscheiden sich erheblich voneinander, es lassen sich durchaus Typen herausarbeiten, die auf ganz unterschiedliche Grundsätze aufbauen. Kommunen haben eine Vielzahl von Handlungsfeldern. So agieren sie zum Beispiel als Arbeitgeber, Mittler, Vertragspartner von Dienstleistern, bieten eigene arbeitsmarktpolitische Maßnahmen und prägen Diskurse. Kommunale Integrationspolitik hat sich an einigen Grundsätzen auszurichten (Effizienz, Transversalität, Berücksichtigung aller Mobilisierungsebenen, Evaluation, Mainstreaming und Koordination), um erfolgreich zu sein. Ein zentraler Aspekt ist allerdings die Einbeziehung der Migrantinnen und Migranten und ihrer Organisationen.

Der communityzentrierte Ansatz stellt einen Versuch dar, dieses Prinzip in den vier Achsen kommunaler Integrationspolitiken (Generierung und Transfer von Wissen, Koordination der Akteure, Mainstreaming von Integration und Diversity sowie Beratung, Betreuung und Unterstützung von Migrantinnen und Migranten) in konkrete Handlungsempfehlungen umzusetzen.

Anhang: Internationale und europäische Netzwerke kommunaler Akteure

EUROCITIES

EUROCITIES ist ein Netzwerk mit Sitz in Brüssel, dem mehr als 130 europäische Städte angehören; weitere 40 Städte haben einen Partnerstatus. EUROCITIES wurde 1986 von den Bürgermeistern von Barcelona, Birmingham, Frankfurt, Lyon, Mailand und Rotterdam gegründet.

Insgesamt werden sechs thematische Schwerpunkte bearbeitet. Dazu werden Workshops und Veranstaltungen organisiert. Darüber hinaus wird der Austausch unter den Mitgliedern gefördert. Einer dieser Schwerpunkte ist Migration.

EUROCITIES hat 2006 die Initiative „Integration Cities" angestoßen. Seit 2007 werden verschiedene Projekte durchgeführt, dazu gehören INTI-Cities, DIVE, MIXITIES und seit 2012 ImpleMentoring. 2010 wurde die Charta der Städte verabschiedet, die kommunale Akteure dazu bewegen soll, gleiche Rechte und Nichtdiskriminierung in ihren Kommunen umzusetzen. Bislang haben sich 27 Städte der Charta angeschlossen.

http://www.integratingcities.eu/

Cities of Migration

Cities of Migration ist ein Projekt verschiedener Stiftungen, das einen Beitrag zur Verbesserung der Integrationspraxis vor Ort in Großstädten mit einem hohen Zuwandereranteil leisten will. Es handelt sich um eine Sammlung guter Praxisbeispiele und von Ressourcen. Es soll die Beziehung und den Austausch zwischen kommunalen Akteuren fördern und diskursive Unterstützung bieten.

http://citiesofmigration.ca/?lang=de/

European Urban Knowledge Network (EUKN)

EUKN ist ein Netzwerk aus Regierungen und Forschungsinstituten. Ziel dieses Zusammenschlusses ist es, Wissen über kommunale Politiken zu generieren und gute Praxisbeispiele zu identifizieren. Es werden Workshops organisiert und spezifische Publikationen herausgegeben.

Einer der Schwerpunkte von EUKN ist die Untersuchung kommunaler Politiken im Zusammenhang mit der Zuwanderung aus Mittel- und Osteuropa.

http://www.eukn.eu/

EU Urban Agenda

EU Urban Agenda ist ein Netzwerk aus Kommunen, Regierungen und der Europäischen Kommission, die zwölf Schlüsselthemen kommunaler Politik bearbeiten. Amsterdam leitet die Arbeitsgruppe zu Migration und Geflüchteten. Die Zusammenarbeit, die 2016 begonnen hat, ist auf drei Jahre angelegt. Folgende Städte, Länder und Institutionen nehmen daran teil: Athen, Berlin, Helsinki, Barcelona, Portugal, Italien, Griechenland, Dänemark, EUROCITIES, der Rat der Europäischen Kommunen und Regionen (CEMR), der Europäische Rat für Flüchtlinge und Exilierte sowie drei Generaldirektionen (GD) der Europäischen Kommission: Die GD Migration, Inneres und Bürgerschaft, die GD Regionalpolitik und die GD Beschäftigung, Soziales, Qualifikation und Arbeitskräftemobilität.

Diese Arbeitsgruppe wird sich auf drei Bereiche konzentrieren: Bessere Regulierungen, bessere Nutzung der finanziellen Instrumente und besserer Wissenstransfer.

Als besondere Herausforderung v. a. durch die sogenannte Flüchtlingskrise, werden folgende Bereiche identifiziert: Beschäftigung, Wohnen, Bildung, „Willkommen und Community-Building" für besonders benachteiligte Gruppen.

http://urbanagendaforthe.eu/

Rat der Europäischen Kommunen und Regionen (CEMR)

Der Rat der Europäischen Kommunen und Regionen (CEMR) ist die Vereinigung von 60 kommunalen und regionalen Organisationen von 41 europäischen Staaten. CEMR wurde 1951 gegründet und es sind insgesamt ungefähr 150.000 europäische Kommunen und Regionen darin vertreten.

http://www.ccre.org/

URBACT

URBACT ist ein europäisches Netzwerk. Es fördert den europäischen Austausch für eine nachhaltige urbane Entwicklung. URBACT gehören 550 Städte, 29 Länder und 7.000 lokale Stakeholder an.

URBACT hat die Initiative „Arrival Cities" gestartet, die die soziale Inklusion von Migrantinnen und Migranten durch den Austausch über gute Praxis fördern will. Die zentralen Themen sind: Die Aktivierung des Humankapitals von Migrantinnen und Migranten, Zugang zu zentralen sozialen Dienstleistungen (Wohnen, Gesundheit, Bildung), Bekämpfung von Fremdenfeindlichkeit, Förderung des Engagements des privaten Sektors, E-Inklusion, Nutzung neuer Technologien).

http://urbact.eu/

European network of cities for local integration policies for migrants (CLIP)

Das Netzwerk wurde 2006 vom Congress of Local and Regional Authorities of the Council of Europe, der Stadt Stuttgart und Eurofound gegründet. Es bestand aus einem Leitungsgremium, einer Gruppe von Experten, Forschungseinrichtungen und europäischen Städten. Es wurde vom Komitee der Regionen, und des Council of European Municipalities and Regions (CEMR) sowie von The CLIP unterstützt.

Es wurden verschiedene Workshops organisiert und ein Bericht publiziert, die den gemeinsamen Lernprozess vorantreiben sollten. Letztlich gehörten mehr als 30 mittlere und große Städte CLIP an.

http://www.eurofound.europa.eu/de/clip-european-network-of-cities-for-local-integration-policies-for-migrants

3. Handlungsfelder staatlicher Politik zur Förderung der innereuropäischen Mobilität

Miguel Montero Lange

Dieses Kapitel beschäftigt sich mit den Herausforderungen staatlicher Migrationspolitik angesichts eines steigenden Fachkräftemangels und einer wachsenden Mobilität im Rahmen der EU-Freizügigkeit. Es beschreibt die wirtschaftlichen und demografischen Bedingungen, die die europäischen Mitgliedstaaten zu einer proaktiven Politik der Anwerbung ausländischer Fachkräfte zwingen und den rechtlichen Rahmen, geprägt durch das Recht auf Freizügigkeit, der staatliches Handeln im Bereich der innereuropäischen Migration stark einschränkt. Nach der Darstellung der Ansätze, die die europäischen Mitgliedstaaten in diesem Politikfeld verfolgen, werden Felder staatlichen Handelns vorgeschlagen, die die unterschiedlichen Phasen der Rekrutierung abdecken (Werbung, Matching und Arbeitsmarktintegration):

- Die Stärkung der arbeitsmarktorientierten, innereuropäischen Anwerbung,
- die Veränderung der normativen und diskursiven Rahmenbedingungen,
- die Förderung der Mobilität von bereits in der EU lebenden Drittstaatsangehörigen,
- die Entwicklung einer nachhaltigen Integrationspolitik,
- die stärkere Nutzung europäischer Fonds,
- die Ausrichtung der arbeitsmarktpolitischen Instrumente auf die Integration von europäischen Neuzugewanderten und
- der Einsatz bilateraler Vereinbarungen zur Förderung der EU-Binnenmobilität.

3.1. Fachkräftemangel: Der Wettbewerb um hoch qualifizierte Fachkräfte

Der demografische Wandel und die Veränderung der Anforderungen an zukünftige Arbeitsplätze sind globale Phänomene, die zu einem Wettbewerb um qualifizierte Fachkräfte führen (Bertelsmann Stiftung 2013). Der steigende Bedarf an

Fachkräften wird zuerst die hochindustrialisierten Länder treffen und sich dann auch auf andere Länder ausbreiten (a. a. O.). Wir leben in einer multipolaren Welt, in der Migrantinnen und Migranten eine Vielzahl von Optionen und Alternativen haben. Die Länder Deutschland, Österreich, Japan, Polen und Russland werden am stärksten darauf angewiesen sein, für hoch qualifizierte Migrantinnen und Migranten attraktiv zu sein. Unternehmen in Spanien, Frankreich, den Niederlanden, der Schweiz und Italien werden ebenfalls einem enormen Druck ausgesetzt sein, um Fachkräfte mit den benötigten Qualifikationen zu finden (The Boston Consulting Group 2013). Die Bundesregierung sagt für Deutschland einen Rückgang des Erwerbspersonenpotenzials von über 6 Mio. Personen bis 2025 voraus. Die gesteigerte Erwerbsbeteiligung älterer Menschen und von Frauen könnte diese Entwicklung zumindest teilweise abfedern. Trotzdem würde das Arbeitskräfteangebot in Deutschland bis 2030 voraussichtlich auch dann noch um 2,9 Mio. Personen schrumpfen (Bundesministerium für Arbeit und Soziales 2014).

Welche Fachkräfte werden am stärksten von diesem Wettbewerb um hoch qualifizierte Migrantinnen und Migranten profitieren? Auf einer globalen Ebene werden Branchen wie das Gesundheitswesen, Technologie, Informationstechnik, Medien und die öffentliche Verwaltung von einem Fachkräftemangel betroffen sein (The Boston Consulting Group 2012). Gleichzeitig warnen einige Experten vor dem steigenden Risiko einer fehlenden Passgenauigkeit zwischen bestehenden *Skills* und Qualifikationsanforderungen, die tatsächlich vom Markt gefragt sind. Davon werden, mit nur einigen wenigen Ausnahmen wie etwa China, praktisch alle Länder betroffen sein (Oxford Economics 2012). Gleichzeitig ist abzusehen, dass einige Länder wie etwa China, Mexiko und Brasilien enorme Zuwächse der Anzahl an Akademikerinnen und Akademikern erfahren werden, in anderen Ländern – etwa in Deutschland – wird diese Zahl stagnieren (Bertelsmann Stiftung 2013).

Migration ist ein hoch volatiles und schwer voraussagbares Phänomen. Faktoren wie etwa die noch andauernde Krise der Wirtschafts- und Finanzsysteme oder Schwankungen in den innenpolitischen Meinungen der Wählerinnen und Wähler machen eine Steuerung und die Vorhersage von Migration äußerst schwierig.

„It has proven difficult to forecast the effects of labour migration policies [...]. Migration policies tend to fail (Castles 2004) and produce different immigration flows than is expected and wanted, a phenomenon Cornelius and Tsuda (2004) named the control gap paradox. Policy gaps can be caused by either unintended consequences or inadequate implementation of policy. The policy itself can be flawed or unable to counteract the macro-structural forces that facilitate migration" (Emilsson 2014: 10).

Es ist äußerst schwierig, die Auswirkungen bestimmter Politiken auf Migrationsbewegungen vorherzusagen. Dies hängt damit zusammen, dass extrinsische Faktoren wie etwa migrantische Netzwerke und die Aktivitäten anderer Akteure, wie etwa Vermittler, einen großen Einfluss auf Migrationsentscheidungen haben (Emilsson 2014).

Die Mitgliedstaaten der Europäischen Union haben, in Entsprechung der eigenen Migrationstraditionen, verschiedene Zugänge für Migrantinnen und Migranten geöffnet.

„[...] during the last couple of decades, European labour markets have increasingly relied upon three forms of labour immigration which do not fit into a strict and formal definition of labour immigration, namely: i) irregular immigration for working purposes; ii) non-discretionary immigration holding rights to access the labour market; iii) intra-EU mobility of labour" (Pastore 2010: 6).

Die Organisation für wirtschaftliche Zusammenarbeit und Entwicklung (OECD) beschäftigt sich in einer Reihe von Veröffentlichungen mit den nationalen Rekrutierungspolitiken (OECD 2011, 2013, 2014a, 2014b, 2016b) und mit der europäischen Zuwanderungspolitik (2016a). Durchgehend wird, neben einem national sehr unterschiedlich ausgeprägten Reformbedarf der jeweiligen Normen, die Notwendigkeit angesprochen, die Attraktivität der nationalen Arbeitsmärkte deutlicher herauszustellen und kohärente Rekrutierungspolitiken zu entwickeln.

Der Hinweis auf die Notwendigkeit, Migration zu steuern, taucht auch in den öffentlichen Erklärungen europäischer Institutionen und Funktionsträger auf. Migrationspolitik ist eines der Politikfelder, in dem die Europäisierung am geringsten fortgeschritten ist.

> „It is common knowledge in migration research that migration policies remain a central field of national sovereignty and an area of competence of the nation-state" (Laubenthal 2014: 470).

Der jeweils vorhandene Mix an Instrumenten und Zugangswegen zu den nationalen Arbeitsmärkten ist stark von den nationalen Gegebenheiten, Befindlichkeiten und Machtverhältnissen abhängig.

> „Historically, each EU country has set its own economic migration priorities and policies, and these have evolved separately to respond to the political economy and circumstances in each country" (Chaloff 2016: 7).

Nun handelt es sich bei der Freizügigkeit um ein Grundrecht der europäischen Staatsbürgerinnen und Staatsbürger. Die Nationalstaaten haben die Zuständigkeit auch in diesem Bereich zumindest teilweise abgegeben. Anders stellt sich die Situation jedoch in Bezug auf die Integrationspolitiken dar. Die Anerkennung ausländischer Berufsabschlüsse gilt nach wie vor als eines der bevorzugten Instrumente staatlicher Steuerung des Zugangs zu den nationalen Arbeitsmärkten, besonders in Deutschland. Gerade in Berufen, die einen überdurchschnittlichen Mangel an Fachkräften aufweisen, behält sich der Staat, und zwar auf der Ebene des Bundes wie auch der Länder, das Recht auf Regulierung vor.

> „German licensing bodies still keep considerable power in the process of foreign credential recognition. The different recognition practices implemented in the German *Länder*, after lifting the nationality requirements, may turn foreign credential recognition into an important recruitment barrier to labour market integration. The requirement to pass a state of knowledge exam in the case of assessed education gaps may considerably delay the recruitment process and challenge an efficient match of demand and supply. In addition to the use of nationality requirements and credential recognition as ex ante and ex post control instruments, respectively, the impact of less debated factors, such as language, on the employment of foreign physicians has been taken into account. It has been shown that scant knowledge of German is considered one of the reasons for the difficult labour market integration of foreign doctors and is currently one of the most debated challenges to Germany's attractiveness to highly skilled foreign workers" (Finotelli 2014: 512).

Besonders der Bereich der Pflege liefert ein gutes Beispiel für die Pfadabhängigkeit der Zugangswege in die Arbeitsmärkte. Länder mit einem stark regulierten staatlichen Pflegebereich, wie etwa die nord- und westeuropäischen EU-Staaten, haben sich relativ schwer mit der Anwerbung von Pflegepersonal getan. Südeuropäische Länder, in denen die Familien eine starke Rolle in der Pflege älterer Menschen spielen, haben die verschiedensten Wege für die Zuwanderung von Migrantinnen und Migranten in die Pflege geöffnet (Salis 2014: 535).

Nationale Politiken enthalten dafür einen ganz eigenen *Policy-mix* entlang der vier Kardinalpunkte der Rekrutierungspolitik, die in der folgenden Grafik dargestellt werden: Arbeitsmigration aus Drittstaaten, innereuropäische Mobilität, funktionale Äquivalente (Zuwanderung, die nicht primär arbeitsmarktorientiert ist) und funktionale Alternativen zur arbeitsmarktorientierten Zuwanderung wie etwa Bildungs- oder Beschäftigungspolitik, die die Abhängigkeit von der Zuwanderung verringern (Pastore 2014, siehe Abbildung 11).

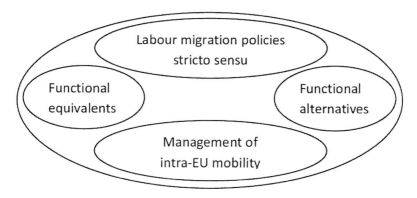

Abbildung 11: Handlungsfelder nationaler Rekrutierungspolitiken
(Pastore 2014: 403)

Der Sachverständigenrat deutscher Stiftungen für Integration und Migration (SVR) weist auf die Notwendigkeit hin, von den Ansätzen des Migrationsmanagements in anderen Ländern zu lernen, sich gleichzeitig aber auch der „Grenzen des Lernen von anderen" bewusst zu sein (SVR 2015: 6). Politisch-rechtliche Rahmenbedingungen, historische, wirtschaftliche, kulturelle und politische Faktoren „machen einen Policy-Transfer unmöglich" (ebd.).

> „Stattdessen kann Deutschland eine Menge lernen über Zusammenhänge und Interdependenzen von allgemeinen politischen, ökonomischen, kulturellen und sozialen Rahmenbedingungen auf der einen und migrations- und

integrationspolitischen Handlungsspielräumen auf der anderen Seite" (a. a. O.: 7).

Staatliches Handeln setzt bisweilen beim Abbau von Pfadabhängigkeiten an. Finotelli zeichnet am Beispiel Deutschlands die Abkehr von dem ursprünglichen Modell nach, das auf Schließung des Arbeitsmarktes für Zuwanderinnen und Zuwanderer setzte:

> „In Germany, the introduction of avenues for the recruitment of highly skilled workers is part of an overall immigration reform, aimed at making the country attractive to highly skilled workers. [...] The comprehensive character of the German reform, together with the negative effects of the aging society on Germany´s industry, supports those who argue in favour of a paradigm change of the German labour migration model. Germany´s policy makers have not only demonstrated their ability to carry out the necessary legislative reforms, but also to build the necessary administrative machinery to implement them" (Finotelli 2012: 49f.).

Tatsächlich stellen die Reformen des deutschen Zuwanderungsrechts einen Bruch mit der Tradition deutscher Migrationspolitik und eine Entwicklung hin zu einer liberalen Regulierung dar, die pragmatisch Elemente aus unterschiedlichen Kontexten miteinander kombiniert (Laubenthal 2014).

Im Fachkräftekonzept der Bundesregierung spielt neben der Aktivierung von Älteren und Frauen sowie der Qualifizierung von Jüngeren, also den funktionalen Äquivalenten, auch die qualifizierte Zuwanderung aus der EU und Drittstaaten eine immer stärkere Rolle. Als Reaktion auf den Fachkräftemangel existiert inzwischen eine Vielzahl von Aktivitäten deutscher Unternehmen, Kammern und Kommunen, die die Arbeitsmigration nach Deutschland fördern. Gleichzeitig wird dieser Trend zur stärkeren EU-Binnenmigration nach Deutschland durch die hohe Arbeitslosigkeit in den Ländern, die von der EU-Schuldenkrise stark betroffen waren, verstärkt; es kommt zu einer wachsenden ungeregelten Zuwanderung vor allem junger Menschen.

Die Diskussion über eine kohärente und in sich stimmige Zuwanderungspolitik zeichnet sich jedoch durch Ungleichzeitigkeiten aus. Während auf der einen Seite vehement über die Folgen des Zuzugs von Personen aus Bulgarien und Rumänien diskutiert wurde, zeigen aktuelle Untersuchungen, dass es in Deutschland bereits hunderte Initiativen und Projekte gibt, die südeuropäische Fachkräfte bei der Migration nach Deutschland und der Integration in qualifizierte Ausbildung und Beschäftigung unterstützen (Pfeffer-Hoffmann 2014). Allerdings fehlen funktionierende Integrationskonzepte für Arbeitsmigrantinnen und -migranten, was dazu führt, dass viele in ihre Herkunftsländer zurückkehren.

Die Bewältigung des Fachkräftemangels wird in den nächsten Jahren von entscheidender Bedeutung für die Wettbewerbsfähigkeit der deutschen Wirtschaft sein. Die effektive Mobilisierung von Fachkräften stabilisiert den Staatshaushalt durch die zusätzlichen Steuer- und Beitragseinnahmen (Bundesministerium für Arbeit und Soziales 2014). Migration potenziert zudem die positiven Effekte für das Arbeitskräftepotenzial, die aus der Anhebung der Erwerbsbeteiligung verschiedener Bevölkerungsgruppen zu erwarten sind (Bertelsmann Stiftung 2015).

Gleichzeitig ist Deutschland für viele Migrantinnen und Migranten nicht per se das Land erster Wahl, wie etwa nach dem Wegfall der Übergangsfristen für Staatsbürgerinnen und Staatsbürger der neuen Mitgliedsstaaten deutlich wurde.

> „The first May 2011 certainly demystified the issue [...]. In fact everybody knows that Germany is not a country where qualified foreigners are queuing up and where we just have to open the borders and masses will stream in. And one has seen that now at the opening for the EU-8. The low immigration figures from the new EU member states have brought a new dynamic into the debate, making it easier for the government to adopt a more liberal approach, since fears of being "overrun" have not been justified" (Laubenthal 2014: 482).

Dass in den letzten Jahren trotzdem ein enormer Zuwachs der innereuropäischen Migration nach Deutschland zu verzeichnen war, birgt eine Gefahr für falsche Schlussfolgerungen: Maßgebliche Akteure könnten meinen, die Attraktivität des Standortes sei so selbstverständlich, dass keine weiteren Anstrengungen mehr nötig seien, um neue Fachkräfte anzuwerben bzw. bereits Zugezogene im Land zu halten.

> „While the public mood in Germany is currently largely receptive to the need of skilled migration, recent figures showing increases in net migration could lead the public and policymakers to think that no further action is needed to recruit migrants and is only necessary activating domestic potential" (Angenendt et al. 2015: 8).

Eine Mehrzahl der Untersuchungen geht von einem deutlichen Absinken der EU-Binnenmigration aus.

> „Die langfristigen Migrationspotenziale aus EU-Staaten werden demnach als gering eingeschätzt. Dafür gibt es zwei Hauptgründe: Erstens wird die Wirtschafts- und Finanzkrise irgendwann überwunden sein. Zweitens dürfte auch die ungünstigen demografische Entwicklung in den Hauptherkunftsländern auf Dauer hemmend wirken" (Bertelsmann Stiftung 2015: 80).

Dadurch steigt der „Zuwanderungsbedarf" aus Drittstaaten auf 276.000 bis 491.000 Personen jährlich (Bertelsmann Stiftung 2015).

In diesem Kontext wird der Untersuchung institutioneller Anwerbeinitiativen eine enorme Bedeutung zukommen. Sie werden private Vorhaben ergänzen und eine wichtige Rolle für die Stabilisierung und Verstetigung innereuropäischer Migration haben.

3.2. Die Normen der EU-Freizügigkeit

Die EU hat mit dem Recht auf Freizügigkeit – dem „Königsrecht" der Unionsbürgerinnen und Unionsbürger – die Voraussetzungen für eine theoretisch ungehinderte innereuropäische Migration geschaffen (SVR 2013). Die sukzessive Ausweitung des Rechts auf Freizügigkeit erfolgte auf zwei Ebenen: der Ebene der Ausweitung des Personenkreises, der dieses Recht in Anspruch nehmen kann, und der Ebene des Umfangs der damit verbundenen Rechte. Anders als etwa bei der Zuwanderung aus Drittstaaten in die EU setzen diese Normen eine Art Mindeststandard, den zu unterschreiten ein Verstoß gegen europäisches Recht darstellen würde.

Unter den vielfältigen relevanten gesetzgeberischen Initiativen sind die Einführung der Unionsbürgerschaft durch den Vertrag von Maastricht (Artikel 20 AEUV, ex-Artikel 17 EG-Vertrag) und das Schengener Abkommen zu nennen, die die innereuropäische Migration vorangetrieben und vereinfacht haben.

> „Beide Trends, die Ausweitung des Personenkreises und des Umfangs der Arbeitnehmerfreizügigkeit, verändern den Charakter der Grundfreiheit von einer Logik der Faktormobilität auf einem Markt hin zum Bürgerrecht in einer politischen, sozialen und wirtschaftlichen Union" (Bernhard 2014: 175).

Die Freizügigkeit wird zudem als das Merkmal angesehen, das die EU-Bürgerinnen und -Bürger am ehesten mit der EU assoziieren (Eurobarometer 2011). Tatsächlich kommt der innereuropäischen Migration eine enorme Bedeutung als Beleg für das Fortschreiten der europäischen Einigung zu (Recchi 2008):

> „Die Freizügigkeit ist das im EU-Vertrag verankerte Recht, das die Bürger am meisten schätzen und als bedeutendste Errungenschaft der EU-Integration ansehen. Sie bildet den Kern der Unionsbürgerschaft" (Europäische Kommission 2013).

Mehr noch, die innereuropäische Mobilität wird von der Europäischen Kommission als ein Instrument angesehen, um die Arbeitsmärkte der Mitgliedsländer zu modernisieren, die Chancen auf Beteiligung am Arbeitsmarkt unter allen EU-Bürgerinnen und -Bürgern erheblich zu verbessern, das allgemeine Niveau an arbeitsrelevanten Fähigkeiten zu heben und einen Beitrag für eine verbesserte Passung der Arbeitskräftenachfrage mit dem Angebot zu gewährleisten (Europäische Kommission 2010a, 2010b). Das Recht auf Freizügigkeit wird von der Europäischen Kommission hauptsächlich unter dem Gesichtspunkt des Marktausgleiches und des Wirtschaftswachstums betrachtet.

Vier Faktoren haben diese Entwicklung angetrieben: Die Vereinbarungen zwischen den Mitgliedstaaten, die Rechtsprechung des Europäischen Gerichtshofs (EUGH), die Normsetzung durch die europäischen Institutionen und schließlich die Einflussnahme von Stakeholdern (Bernhard 2014). Durch die sukzessive Ausweitung entstehen Reibungspunkte zwischen den nationalen und den europäischen Normen. Die Rechtsprechung des EUGH hat weitere Ausweitungen des Rechts auf die Freizügigkeit bewirkt. Die Einführung der Unionsbürgerschaft durch den Vertrag von Maastricht mit Wirkung vom 1. November 1993 und das Schengener Abkommen sind institutionelle Bedingungen, die die innereuropäische Migration vereinfachen. Eine Reihe von Verträgen und Richtlinien regeln das Recht auf Freizügigkeit der EU-Bürgerinnen und -Bürger, besondere Rechte von Arbeitnehmerinnen und Arbeitnehmern sowie die Sozialversicherungsansprüche innereuropäischer Migrantinnen und Migranten.

Das Recht auf Freizügigkeit beinhaltet den Auftrag an die Mitgliedstaaten, rechtliche Normen, die andere EU-Staatsbürgerinnen und -bürger diskriminieren könnten, aus den nationalen Gesetzgebungen zu streichen, vor allem im Bereich der Rechte für Arbeitnehmerinnen und Arbeitnehmer. Laut Artikel 45 (2) des Vertrags über die Arbeitsweise der Europäischen Union (AEUV) umfasst die Freizügigkeit:

> „[D]ie Abschaffung jeder auf der Staatsangehörigkeit beruhenden unterschiedlichen Behandlung der Arbeitnehmer der Mitgliedstaaten in Bezug auf Beschäftigung, Entlohnung und sonstige Arbeitsbedingungen" (Europäische Kommission 2012b).

Der AEUV sieht in seinem Artikel 46 vor, dass auch das Europäische Parlament und der Rat alle erforderlichen Maßnahmen zu treffen haben, um die Freizügigkeit der Arbeitnehmerinnen und Arbeitnehmer gemäß Artikel 45 AEUV herzustellen. Neben dem Abbau rechtlicher Beschränkungen wurden Maßnahmen in anderen Bereichen unternommen. So ist 2014 etwa die Richtlinie 2014/50/EU des Europäischen Parlaments und des Rates vom 16. April 2014 über Mindestvorschriften zur Erhöhung der Mobilität von Arbeitnehmerinnen und Arbeitnehmern zwischen den Mitgliedstaaten durch Verbesserung des Erwerbs und der Wahrung von Zusatzrentenansprüchen verabschiedet worden.

Die EU hat die Mobilität von Arbeitnehmerinnen und Arbeitnehmern zudem in mehreren Bereichen erheblich erleichtert. Unter den relevanten gesetzgeberischen Maßnahmen ist hier zum Beispiel die Schaffung der Möglichkeit der Anerkennung der im Heimatland erworbenen Berufsabschlüssen durch die Richtlinie 2005/36/EG des Europäischen Parlaments und des Rates vom 7. September 2005 über die Anerkennung von Berufsqualifikationen zu nennen.

Eine automatische Anerkennung von Berufsabschlüssen auf Grundlage dieser Richtlinie ist jedoch nur bei einer sehr geringen Zahl an Berufen vorgesehen, z. B. für Ärztinnen und Ärzte, Krankenpflegerinnen und -pfleger, Zahnärztinnen und Zahnärzte, Tierärztinnen und -ärzte, Hebammen, Apothekerinnen und Apotheker und Architektinnen und Architekten.

Die „European Employment Services" (EURES), ein Netzwerk von Mitarbeiterinnen und Mitarbeitern der öffentlichen Arbeitsverwaltungen, berät Mobilitätswillige bereits in ihren Heimatländern. In den ersten Jahren blieben die Ergebnisse weit hinter den Erwartungen zurück, sowohl was die direkte Arbeitsvermittlung als auch die Wahrnehmung der internetbasierten Plattform anbelangt. In den letzten Jahren scheinen Arbeitsuchende das Angebot von EURES allerdings zunehmend in Anspruch zu nehmen. So sollen etwa 2013 insgesamt 1.100.000 Arbeitssuchende sich auf der Webseite von EURES registriert haben und inzwischen jährlich 150.000 erfolgreiche Vermittlungen stattfinden (Vertretung des Landes Hessen 2014).

Die Europäische Kommission und das Europäische Parlament sehen jedoch noch erheblichen Reformbedarf bei EURES (siehe z. B. Europäische Kommission 2014). Die Kommission etwa stellt fest, dass EURES ungeeignet ist

> „[...] eine Mobilität unter „fairen" Bedingungen als Teil der Bekämpfung von Ungleichgewichten auf dem europäischen Arbeitsmarkt zu fördern, vor allem angesichts des Umfangs der Erwerbsbevölkerung der EU und der Art der Herausforderung in der derzeitigen wirtschaftlichen Lage. Die folgenden Mängel in der Funktionsweise von EURES wurden festgestellt:
>
> – Unvollständiger Pool an freien Stellen und Lebensläufen, die auf EU-Ebene für alle Mitgliedstaaten zugänglich sind (Transparenz der Arbeitsmärkte)
>
> – Begrenzte Fähigkeit des EURES-Portals, freie Stellen und Lebensläufe auf EU-Ebene abzugleichen, bedingt durch eine begrenzte semantische Interoperabilität der Daten aus den nationalen Stellenvermittlungssystemen (Möglichkeit des automatisierten Abgleichs)
>
> – Ungleicher Zugang zu EURES-Diensten in der EU, da Arbeitsuchende und Arbeitgeber weder systematisch alle erforderlichen Informationen über EURES noch ein Angebot für weitere Hilfe in der ersten Phase der Einstellung erhalten („Mainstreaming")
>
> – Begrenzte Verfügbarkeit für die Unterstützung bei Abgleich, Rekrutierung und Vermittlung für Arbeitsuchende und Arbeitgeber, die Interesse an grenzüberschreitender Arbeitskräftemobilität innerhalb der EU haben, unter anderem im Hinblick auf den Zugang zu aktiven Arbeitsmarktmaßnahmen und Informationen und Beratung über die soziale Sicherheit (Unterstützungsleistungen)
>
> – Ineffizienter Informationsaustausch zwischen Mitgliedstaaten über Arbeitskräftemangel und -überschuss, was eine gezieltere praktische Zusammenarbeit im Rahmen von EURES (Informationsaustausch und Zusammenarbeit) beeinträchtigt" (Europäische Kommission 2014: 5).

Am 17. Januar 2014 legte die Kommission einen Reformvorschlag zur Verbesserung der Arbeit von EURES vor, der am 2. Dezember 2015 von dem Ausschuss der Ständigen Vertreter gebilligt wurde.

Von besonderer Bedeutung war auch die Einführung des Rechts, Leistungen der Arbeitslosenversicherung für drei Monate ins EU-Ausland zu übertragen, wenn sich die Leistungsbezieherin oder der Leistungsbezieher dorthin zur Arbeitssuche begibt.[6]

Die Regulierung der innereuropäischen Mobilität fällt demzufolge nicht mehr in den Zuständigkeitsbereich der nationalen Gesetzgebung. Zwar gibt es Bereiche, wie etwa den Zugang zu sozialen Leistungen, für den sich die Nationalstaaten die Regulierung vorbehalten; trotzdem haben sich staatliche Akteure in der EU die Frage zu stellen, mit welchen Anreizen und Instrumenten innereuropäische Mobilität gefördert werden kann (Absenger & Blank 2015).

3.3. Ansätze staatlichen Handelns im Rahmen der Freizügigkeit

Welches sind nun die Ansätze, mithilfe derer Nationalstaaten im Kontext der EU-Freizügigkeit die innereuropäische Migration befördern können?

Üblicherweise wird zwischen zwei Typen nationalstaatlicher Anwerbesysteme unterschieden. Auf der einen Seite bestehen Punktesysteme, die von der Qualifikation der Bewerberinnen und Bewerber ausgehen; auf der anderen Seite diejenigen, die von dem konkreten Arbeitsplatzangebot ausgehen. Allerdings ist anzumerken, dass immer mehr Staaten hybride Systeme einführen und Elemente dieser beiden Typen kombinieren.

> „Supply driven, points based, systems admits migrants according to the skills and human capital of the individuals, such as education level, work experience, language skills and age. The basic thought is to attract the brightest talents which have the best long-term integration potential. [...] In a demand driven system it is the employers who chose what kind of migrants

---

[6] Dieses Recht wird durch Verordnung (EG) Nr. 883/2004 des Europäischen Parlaments und des Rates vom 29. April 2004 zur Koordinierung der Systeme der sozialen Sicherheit und der Verordnung (EG) Nr. 987/2009 des Europäischen Parlaments und des Rates vom 16. September 2009 zur Festlegung der Modalitäten für die Durchführung der Verordnung (EG) Nr. 883/2004 über die Koordinierung der Systeme der sozialen Sicherheit geregelt.

that are needed. This way, the labour migrant has a job upon arrival and the country can avoid initial periods of unemployment" (Emilsson 2014: 8).

Die EU-Freizügigkeit hat beide Modelle obsolet werden lassen. Staatliches Handeln hat eine Abkehr von sozialtechnokratischen Konzepten zu vollziehen und kann nicht auf Modelle der Migrationssteuerung setzen, die für die EU-Binnenmigration schlichtweg nicht mehr greifen (Siegert & Buscher 2013).

Unterschiedliche Akteure können verschiedene Rollen abdecken, um effizient Fachkräfte anzuziehen bzw. die Auswahlprozesse zielgerichtet zu gestalten und auf die verschiedenen Faktoren einzuwirken, die maßgeblich für die Auswahl eines Ziellandes durch die ausländischen Fachkräfte ist (siehe Abbildung 12).

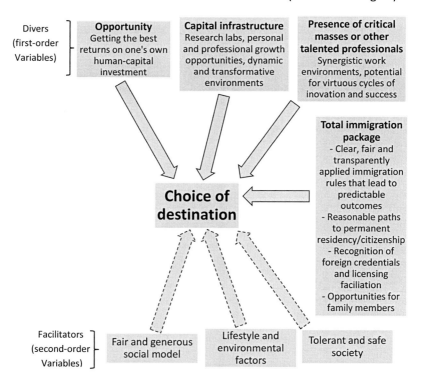

Abbildung 12: Faktoren, die entscheidend für die Auswahl eines Ziellandes sind
(Eigene Darstellung nach Papademetriou 2013: 30)

In diesem komplexen Geflecht von Handlungsansätzen kommt staatlichen Akteuren (Kommunen, Regionen, Zentralstaat) eine zentrale Rolle zu. Die unterschiedlichsten Akteure in den EU-Mitgliedstaaten experimentieren mit verschiedenen Instrumenten, um hoch qualifizierte Fachkräfte aus dem Ausland anzuwerben.

> „All of these innovative programs face important technical challenges (such as mutual skill recognition), financial challenges (especially mechanisms to fairly share the cost of migrants training), and political challenges (such as opposition from destination-country labor groups)" (Bertelsmann Stiftung 2013: 11).

Einige EU-Staaten haben sich für einen Rückzug des Staates aus der Rekrutierung ausländischer Fachkräfte entschieden. Dies führt dazu, dass die Unternehmen selbst in der EU rekrutieren – so z. B. in Schweden. Das gemeinsame Portal *workinginsweden.se* enthält englischsprachige Informationen über alle zentrale Themen, wie z. B. Sprachkurse und EURES. Das schwedische System setzt allerdings starke transnationale Netzwerke voraus, die v. a. bei kleinen und mittleren Unternehmen (KMUs) meistens nicht vorhanden sind.

> „[...] since the state has handed over the responsibility for matching to the market, there is no room for cooperation between origin and destination countries like international agreements, organised pre-departure training and educational programmes [...]"(Emilsson 2014: 29).

Es ist eine Gemeinsamkeit der nordischen Staaten, dass die Rekrutierung ausländischer Fachkräfte privaten Arbeitsvermittlern übertragen wird und der Staat lediglich den normativen Rahmen für die Anwerbung von Drittstaatenangehörigen setzt (Friberg et al. 2013: 144). Der Rückzug des Staates aus der Rekrutierung führt letztlich auch dazu, dass das Geschehen hochgradig intransparent wird.

> „At the moment there is no deep knowledge about how the recruitment is carried on; the reason is that it is up to the market: the role of the State has been reduced to lowest terms. This is a big difference when compared to the system in force during the 1960s, when Sweden had recruitment agencies in some foreign countries (e.g. Italy)" (Quirico 2012: 31).

Staatlichem Handeln kann auch im europäischen Migrationsregime, in dem durch die Freizügigkeit die klassischen Instrumente staatlicher Migrationspolitik, wie etwa die Steuerung der Zugangsberechtigungen zum Arbeitsmarkt, größtenteils entfallen sind, eine tragende Rolle bei der Anwerbung von Fachkräften zukommen (Howell 2005; Bach 2010). Bisherige Analysen weisen darauf hin, dass die innereuropäischen Migrantinnen und Migranten, die über Programme und Initiativen den Zugang zum deutschen Arbeitsmarkt finden, die größte Aussicht auf eine gelungene Arbeitsmarktintegration haben (Moldes Farelo & Gómez Sota 2015). Geförderte oder durch staatliche Akteure wie dem EURES-Netzwerk vermittelte europäische Arbeitsmigrantinnen und -migranten spielen zahlenmäßig jedoch nur eine marginale Rolle für die Zuwanderung in den deutschen Arbeits- und Ausbildungsmarkt.

Welche Rolle können institutionelle Initiativen in diesem Kontext spielen? Die Untersuchung der Förderung der innereuropäischen Mobilität durch staatliche Institutionen ist durch die Wissenschaft vernachlässigt worden (Bach 2010). Themen für die Forschung sind z. B. die staatlich betriebene Umstrukturierung der Arbeitsmärkte und die damit einhergehende Prekarisierung der Beschäftigungsverhältnisse von Migrantinnen und Migranten (May et al. 2007) oder die Regulierung des Zuzugs von Fachkräften etwa aus dem Gesundheitsbereich (WHO 2006).

Die Förderung von Zuwanderung im Rahmen der EU-Freizügigkeit ist allerdings nicht nur durch den Wegfall klassischer Instrumente der staatlichen Migrationsregulierung erschwert. Innenpolitische Debatten und ordnungspolitische Überlegungen stellen ebenfalls eine Herausforderung dar. Bach weist auf ein weiteres Dilemma staatlichen Handelns in diesem Zusammenhang hin:

> „The state has to balance the contradictory challenge of assisting firms in the process of capital accumulation without jeopardising its role in legitimising the capitalist system. This is especially challenging in the realm of migration policy, which is invariably a sensitive public policy issue" (Bach 2010: 252).

Institutionelle Anwerbungsinitiativen versuchen Brücken für Migrantinnen und Migranten in den deutschen Arbeitsmarkt zu bauen, die eine möglichst stabile und kontinuierliche Zuwanderung gewährleisten. Diese Ansätze institutionellen Handelns haben aber keinesfalls nur die Anwerbung zum Ziel. Vielmehr unterstützen sie die berufliche und soziale Integration dieser neu zuwandernden Fachkräfte, da dabei für deutsche Unternehmen und Verbände nach wie vor große

Herausforderungen bestehen. So bieten sie etwa Unterstützung in folgenden Bereichen an:

- Bewältigung der hohen Integrationsanforderungen an die zuwandernden Fachkräfte in Bezug auf Sprache sowie fachliche und interkulturelle Kompetenzen
- Entwicklung von effizienten Begleit- und Organisationskonzepten in den Unternehmen zur Bewältigung dieser Integrationsanforderungen
- Unterschiede zwischen Berufsbildungssystemen und Anerkennung von Berufsabschlüssen
- Soziale und kulturelle Integration am Arbeitsort.

In Anlehnung an Siegert lassen sich folgende gemeinsame Anforderungen an institutionelle Anwerbestrategien festlegen:

- „Forschungen zu soziokulturellen Migrationsmotiven und Transaktionskosten fördern
- Regionalspezifische Anwerbestrategien ableiten und entwickeln […]
- Branchen für Anwerbung definieren und branchenspezifische Rekrutierungsstrategien entwickeln
- Zielregionen für Einwanderung in Deutschland definieren: Regionale Politiken abstimmen und föderalen Wettbewerb fördern
- Kommunale und betriebliche Unterstützungsprogramme und -strategien für die Integration ausländischer Fachkräfte entwickeln
- Dialog mit und Strategie für deutsche Auslandsorganisationen zur politischen Begleitung der Rekrutierung von Fachkräften entwickeln und aktiv kommunizieren
- Markt für private Auswanderungsagenturen in Rekrutierungsländern ermöglichen" (Siegert et al. 2013: 18).

Rekrutierung im Ausland besteht – unabhängig vom normativen Setting – idealtypisch aus drei Phasen:

„1) advertising and recruiting in sending countries and informing about migration opportunities and requirements in the future destination county; 2) matching prospective migrant profiles with skills needed by employers and getting their skills recognized; and 3) offering integration and inclusion measures to prospective migrants before departure and in the new destination country" (Angenendt et al. 2015: 5).

Jede dieser Phasen umfasst wiederum verschiedenen Aspekte, im Hinblick auf welche die unterschiedlichen Akteure tätig werden können (siehe Tabelle 4).

Tabelle 4: Phasen der Rekrutierung
(Angenendt et al. 2015: 11)

Advertising and recruitment	Matching	Integration measures pre-departure and in destination country
Involve employers early and often, right from the beginning and throughout the process	Raise awareness and sensibility among employers about the cultural aspects of a migrant sending country and about the education and qualification system of a sending country in specific sectors	Ensure basic language training in a sending country (minimum of 6 months and B2 level), potentially modules tailored to job profile
Connect destination country stakeholders abroad (embassies, cultural institutes, chambers of commerce) with foreigners office (*Ausländerbehörde*) more efficiently to supply coherent information on migration processes to prospective migrants and about the living situation in Germany	Specify and clarify the needs of employers regarding qualifications, experience, and skill level needed with facilitation partners to avoid misunderstandings	Promote fair understanding of roles and service delivery in the integration process among state and private actors and civil society
Establishing certification processes for private recruiters to ensure ethical recruitment and to prevent the exploitation of migrants and spread of misleading information (see the International Organisation for Migration's International Recruitment Integrity System, IRIS)	Select facilitators for recruitment carefully to ensure that private recruiters deliver all information needed to prospective migrants	Provide additional job-related training before departure as well as **intercultural training** for instance by returnees or diaspora community (Germans abroad)

Advertising and recruitment	Matching	Integration measures pre-departure and in destination country
Manage expectations carefully and provide transparent and fair information for prospective migrants and employers	**Provide fair and adequate information to prospective migrants** about working and living conditions in the destination country, prospective city and regional setting, and specific sectors and employers (e.g. health sector) to prevent disappointment and early return back to home country	**Establish mentoring system between migrants and volunteers** who have concrete experience in the sector of the mentee: the Canadian Toronto Regional Immigrant Employment Council (TRIEC) could serve as a good model
	Provide certainty and transparency on type of residence/work permit, visa etc.: skills recognition; and potential further training needed to fulfil recognition process according to the differing state level requirements	**Provide mentors for everyday questions** at work place and potential additional mentors from civil society (also for external monitoring & supervision of the situation of the migrant)
		Facilitate active engagement by employers such as "integration Managers" in companies
		Build networks among companies to provide integration services, in particular for small- and medium-sized enterprises, who can pool resources to ensure affordability
		Ensure regular intercultural training for all employees to foster better understanding and prevent discrimination
		Foster social cohesion, stress importance of business goals and how everyone in the workforce contributes to it, irrespective of nationality (employers)

3.4. Staatliche Handlungsfelder zur Förderung der innereuropäischen Mobilität

In diesem Abschnitt werden sechs Felder staatlichen Handelns vorgestellt, die die drei Phasen der Rekrutierung abdecken: Werbung und Rekrutierung (1), Matching (2) und Integrationsmaßnahmen (3).

3.4.1. Stärkung der arbeitsmarktorientierten, innereuropäischen Anwerbung

Zuwanderung, die explizit mit dem Ziel der Arbeitsaufnahme geschieht, erleichtert die schnelle Integration der Migrantinnen und Migranten. Besonders die innereuropäische Zuwanderung nach Deutschland erfolgt mit der Absicht einer Arbeitsaufnahme. Ca. 50 % dieser Gruppe sind als Arbeitssuchende oder Erwerbstätige zugezogen; für alle Zuwandernden insgesamt liegt dieser Prozentsatz lediglich bei 13 % (IAB 2015). Tatsächlich ist das Potenzial für eine Rekrutierung in der EU enorm.

> „The potential for expanding recruitment in other European countries is significant, both at the high- and medium-skilled levels" (OECD 2013: 145).

Andere Länder haben dies bereits erkannt und rekrutieren Fachkräfte verstärkt in der EU. So hat etwa das staatliche Gesundheitssystem in Großbritannien und Nordirland, das National Health System 2014 bis 2015 insgesamt 8.183 Krankenpflegerinnen und Krankenpfleger international angeworben, davon 7.518 aus dem Europäischen Wirtschaftsraum (Royal College of Nurses 2015).

Aus Arbeitgeberperspektive scheint das Fehlen von Netzwerken im Ausland, die für eine Rekrutierung genutzt werden könnten, eine ausschlaggebende Hürde zu sein. Zudem scheint der Eindruck vorzuherrschen, dass die EU-Freizügigkeit das Risiko einer frühzeitigen Rückkehr in das Heimatland erhöht. Dies könnte ein zusätzlicher Grund für die Zurückhaltung der Arbeitgeber bei der Rekrutierung im EU-Ausland sein.

> „This fear may be even more pronounced among employers to hire mobile EU citizens, in the face of the common perception (whether or not true) that they are more transient, and will return home once they have saved money rather than try to carve out a career" (Benton et al. 2014: 8).

Der Mangel an transparenten und effizienten internationalen Arbeitsvermittlungsstrukturen stellt sich auch für migrationsbereite europäische Fachkräfte als ein großes Hindernis dar.

> „Nur rund 20 Prozent der Zuwanderer finden ihre erste Stelle in Deutschland durch eine Arbeitsvermittlung, aber 55 Prozent durch Freunde und Bekannte. Durch persönliche Netzwerke werden häufig Jobs in kleinen Firmen mit geringer Produktivität gefunden. Hier sind die Aufstiegschancen oft gering und die Beschäftigungsrisiken langfristig höher. Eine effiziente Arbeitsvermittlung, die die Arbeitssuche in Deutschland erleichtert, kann deshalb erheblich zu einer nachhaltig erfolgreichen Arbeitsmarktintegration beitragen" (IAB 2015: 11).

Überlegungen bezüglich einer strategischen Ausrichtung staatlicher Maßnahmen zur Rekrutierung von Fachkräften im europäischen Ausland sind gerade wegen der Bedeutung der EU-Freizügigkeit für die innereuropäische Zuwanderung nach Deutschland äußerst selten. Neben der Umsetzung der Empfehlungen zur Reform des EURES-Netzwerkes besteht ein dringender Bedarf an einer Verbesserung und Stärkung der deutschen internationalen Arbeitsvermittlung.

> „Thus far, even in the face of declared shortages of skilled workers, German employers have not made great recourse to recruitment from abroad. To some extent, this could reflect a general reluctance of employers to search beyond the known and familiar even when facing staff shortages [...]. It also may reflect the undeveloped nature of recruitment networks abroad, and the absence of trusted intermediaries in the public and private sectors. The German Public Employment Service has not yet played a major role in mediating international recruitment, with the exception of the special schemes for the Central and Eastern European countries" (OECD 2013: 98).

Gravierend ist dieser Mangel an geeigneten Instrumenten vor allem für die KMU, denen es besonders schwerfällt, geeignete Fachkräfte im Ausland zu identifizieren, rekrutieren, in die Unternehmen einzubinden und letztlich auch zu halten (Ramasamy 2016). Denkbare Handlungsansätze wären in diesem Zusammenhang ein flexiblerer Einsatz privater Arbeitsvermittler, die Verbesserung bestehender Portale, die Unterstützung bei der Integration in die Betriebe sowie eine Verringerung des Verwaltungsaufwands (ebd.).

3.4.2. Veränderung der normativen und diskursiven Rahmenbedingungen

Ein weiteres Feld, in dem Regierungshandeln besonders effektiv sein kann, besteht in der Bereitstellung eines attraktiven *„Immigration package"*. Dies ist zudem eines der ureigenen Handlungsfelder staatlicher Akteure.

> „The other factors [...] are much more difficult to shape. Governments have no control over some of them (such as the climate or a difficult language spoken only in a small country) and their influence over others is far from absolute – such as the development of a welcoming, tolerant society. Indeed, how the society adapts to and treats immigrants is a particularly difficult area and a receiving government's occasional lapses into what is likely to be interpreted as skeptical, if not anti-immigrant, rhetoric color immigrants' perceptions about such a country. Put simply: a government's "body language" about immigrants shapes a society's views and in turn may make prospective immigrants more or less likely to choose a destination" (Papademetriou 2013: 32).

Dieser diskursive Aspekt ist allerdings nicht nur für die Wahrnehmung Deutschlands als Zielland sondern auch für den Blick wichtig, den die Bevölkerung in Deutschland auf Zuwanderung wirft. Es ist der Bundesregierung in den letzten Jahren gelungen, einen hegemonialen Diskurs zu etablieren, der zwar nicht unumstritten oder unumkehrbar ist, jedoch auf einen breiten Konsens trifft. Entlang der Achsen „Fachkräftemangel" und „Willkommenskultur" spinnt sich der Diskurs der wissenschaftlich praktisch unhinterfragten Grundannahme, dass der steigende Fachkräftebedarf nicht mehr nur mit dem heimischen Potenzial zu decken ist (Laubenthal 2012).

> „The recent changes have been encouraged by a discursive shift in which certain rhetorical figures have become accepted as „being true". Thus, strongly supported by business interests, it has become common knowledge that measures must be taken against the so called *Fachkräftemangel*, that Germany is part of a fierce "global competition for the brightest minds" and that the country is lacking a "welcoming culture". These rhetorical figures are used by almost all relevant actors, no matter what their positions on the actual instruments that should be established" (Laubenthal 2012: 29).

Der SVR hat in diesem Zusammenhang auf die Notwendigkeit hingewiesen, die Vermarktung fortschrittlicher Arbeitsmigrationspolitik gegenüber potenziellen

Zuwanderungsgruppen in die deutsche Zuwanderungspolitik einzubauen (SVR 2015).

Dieses Handlungsfeld kann sich allerdings nicht nur auf die Etablierung eines zuwanderungsfreundlichen Diskurses beschränken. Dieser Diskurs kann nur Wirkung entfalten, wenn er entsprechende normative Veränderungen begleitet, legitimiert und durch sie wiederum legitimiert wird.

Dazu gehört auch die Durchsetzung grundlegender arbeitsrechtlicher Normen etwa durch die Stärkung der kontrollierenden Behörden, Verschärfung der Sanktionen, Ermöglichung von Verbandsklagen von Gewerkschaften, Stärkung der Allgemeinverbindlichkeit von Tarifverträgen, stärkere Regulierung von Werkverträgen und Erweiterung von Beratungsangeboten (Molitor 2015).

Auch die konkrete Ausgestaltung nationaler Arbeitsmarktinstitutionen spielt eine Rolle bei der Migrationsentscheidung von Fachkräften.

> „Labor market institutions are an integral part of a broader institutional framework in which immigration and immigrant integration take place. The organization of industrial relations, education and vocational training, corporate governance and organization of the production process, and supply and demand factors all affect what types of immigrants are likely to come to a given country and how difficult it is for them to integrate in that country's labor market. To illustrate, immigrants may find it easier to adjust in countries whose educational system promotes general rather than specific skills, as specific skills may be more difficult to transfer from their countries of origin. From another perspective, stronger trade unions may be able to ensure equal employment conditions for immigrants; however, those with less favorable characteristics may find it more difficult to find a job under such conditions" (Guzi et al. 2015: 10).

Die Untersuchung von Auswirkungen verschiedener institutioneller Faktoren auf die Arbeitsmigration hat ergeben, dass Deutschland zu der Gruppe von Ländern gehört, die an sich keine herausragende *Performance* in der Anziehung hoch qualifizierter Fachkräfte vorweisen (ebd.).

3.4.3. Förderung der Mobilität von bereits in der EU lebenden Drittstaatsangehörigen

Ein weiterer Aspekt der innereuropäischen Mobilität, der allerdings nur selten thematisiert wird, ist die Mobilität von Menschen aus Drittstaaten, die bereits in Europa sind und stärker noch als die EU-Staatsbürgerinnen und -bürger von der Krise betroffen sind (Pascouau 2013; OECD 2012: 23). Es erscheint paradox, dass die EU-Staatsangehörigen, denen die EU-Freizügigkeit offensteht, kaum bereit sind, diese auch tatsächlich wahrzunehmen. Drittstaatsangehörige, die eine deutlich stärkere Bereitschaft zur Mobilität haben, sind jedoch von den Vorteilen der Freizügigkeit ausgeschlossen. Es ist daher ratsam, die Freizügigkeit auf bereits in der EU wohnhafte Drittstaatsangehörige auszuweiten.

„[...] the reallocation of already-residing labour migrants could help absorb the effects of the crisis and have a positive impact on migrant workers, EU countries facing difficulties and the European Union as a whole. It would also contribute to making the EU more attractive for migrant workers. This is crucial in the short run with respect to qualified migrants and in the long run as soon as the EU has recovered from the crisis" (Pascouau 2013: 7).

Denkbar wäre eine Vereinheitlichung und Vereinfachung des derzeitigen normativen Patchworks und eine stärkere Nutzung der *EU Bluecard*, eine Öffnung des EURES-Netzwerk für Drittstaatsangehörige, die Verbesserung der Anerkennung von ausländischen Abschlüssen oder von Fähigkeiten und Kompetenzen, die Verbesserung des rechtlichen Rahmens durch Schaffung eines einheitlichen innereuropäischen Mobilitätsregimes und die Erleichterung des Arbeitsmarktzuganges von ausländischen Studierenden (Pascouau 2013).

3.4.4. Entwicklung einer nachhaltigen Integrationspolitik

Integrationspolitik wird üblicherweise als ein rein nationales Politikfeld angesehen, das erst nach der Ankunft im Zielland ansetzt. Benton et al. (2014) setzen auf drei Handlungsfelder zur Entwicklung einer Politik, die dauerhaft und wirksam Integration unterstützt: Integrationspolitik zu einem Querschnittsbereich zu machen, die staatliche Arbeitsverwaltung optimal für die Herausforderungen einer Integrationspolitik aufzustellen und spezifische Förderprogramme zum Spracherwerb und zum beruflichen Erlernen aufzulegen.

> „While large shares of new arrivals find work without public assistance, many face specific barriers to work and/or career progression and could benefit from expert support. At present, dedicated support for certain groups of immigrants is available through introduction programs in some countries, but the much larger capacity of the PES [Public Employment Services] to support new arrivals is largely untapped" (Benton et al. 2014: 24).

Eine der wichtigsten Säulen einer Politik, die die Arbeitsmarktintegration von Neuzugewanderten zum Ziel hat, ist der Aufbau einer effizienten Orientierungsstruktur, die bereits im Herkunftsland beginnt. Diese sollte transparent und stufenförmig aufgebaut sein, mit ausgebildeten Personal ausgestattet sein, ein realistisches Bild des deutschen Arbeitsmarktes liefern, lokale und communityzentrierte Ansätze verfolgen, potenzialorientiert und evidenzbasiert sein. Zudem muss ihre Kontinuität gewährleistet sein (CEDEFOP 2014).

3.4.5. Stärkere Nutzung europäischer Fonds und Ausrichtung der arbeitsmarktpolitischen Instrumente auf die Integration von innereuropäischen Neuzugewanderten

Die Herausforderungen, die im Bereich der Arbeitsmarktintegration auch für Migrantinnen und Migranten aus der EU bestehen, machen es unumgänglich, spezifische Förderinstrumente zu entwickeln und bereits bestehende auf ihre Tauglichkeit hin zu überprüfen.

Für den Aufbau von Strukturen zur Integration von EU-Migrantinnen und EU-Migranten (v. a. auf kommunaler Ebene), aber auch für die Förderung des Spracherwerbs ist die Bereitstellung von ausreichend finanziellen Mitteln vonnöten.

> „The point is not to spend more on poor migrants but to invest in ensuring that all working age EU migrants can participate in economic activity. [...] In reality there is an EU fund to support EU migration – the European Social Fund [ESF] (worth about 8 per cent of the EU budget) and the European Commission has been actively encouraging member states to use the ESF for the purpose of easing integration into the labour market and society" (Andor 2015: 7).

Der Einsatz von Mitteln des Europäischen Sozialfonds stellt kein Novum in der deutschen Förderpolitik dar. Hierzu drei Beispiele: Das BMAS finanziert die berufsbezogenen Deutschkurse und die Programme „Integration durch Qualifizierung (IQ)" und „Integration statt Ausgrenzung" mit Mitteln des ESF.

Auf der anderen Seite ist der zielgerichtete Einsatz von Regelinstrumenten zur Arbeitsmarktintegration von innereuropäischen Zugewanderten nur begrenzt möglich. Teilweise sind europäische Zuwanderinnen und Zuwanderer vom Bezug dieser Fördermittel ausgeschlossen (so z. B. die Berufsausbildungsbeihilfe [BAB]); teilweise sind diese Programme schlichtweg nicht auf die spezifischen Bedürfnisse der Neuzugewanderten zugeschnitten.

Die Finanzierung von Sprachkursen durch das Zielland nach Ankunft ist relativ selten. Kanada fördert das Erlernen der Sprache, Deutschland hat mit dem Programm MobiPro-EU, das sogar eine Förderung des Spracherwerbs im Herkunftsland vorsieht, ein bislang einzigartiges Instrument geschaffen. Zwar stellt sich generell wohl die Frage, ob diese Verantwortung nicht v. a. der Arbeitgeberseite obliegt. Eine staatliche Anschubfinanzierung von Pilotprojekten erlaubt es jedoch, erste Erfahrungen mit Sprachförderung im Kontext von Arbeits- und Ausbildungsintegration zu sammeln und das unternehmerische Risiko in der Erprobungsphase zu minimieren (OECD 2013: 143).

3.4.6. Einsatz bilateraler Vereinbarungen zur Förderung der innereuropäischen Mobilität

Bilaterale Vereinbarungen gehören zu den Regelinstrumenten für die Förderung von Zuwanderung. Deutschland hat in der Vergangenheit umfassende Erfahrung mit der Steuerung der innereuropäischen Migration durch bilaterale Verträge gemacht. Die Anwerbeabkommen in den 1960er-Jahren, die mit dem sogenannten Anwerbestopp im Jahr 1973 außer Kraft gesetzt wurden, sind ausführlich untersucht worden.

Der Zusammenhang zwischen dem Recht auf EU-Freizügigkeit und dem Bedeutungsverlust der direkten Anwerbung vor Ort ist offensichtlich. Warum sollten migrationsinteressierte EU-Staatsbürgerinnen und -bürger auf ein Arbeitsplatzangebot von einer staatlichen Behörde warten und sich nicht einfach auf den Weg machen? Die deutschen Behörden haben sich bereits in der Vergangenheit mit einer ähnlichen Situation auseinandersetzen müssen. Die Anzahl italienischer Staatsbürgerinnen und -bürger, die durch die direkte Vermittlung der zuständigen deutschen Stellen in Italien eine Beschäftigung in Deutschland aufnahmen, ist nach 1962 – d. h. nach dem Inkrafttreten der ersten Verordnung, die die Freizügigkeit regelte – drastisch gesunken. Alternative Überlegungen zu einer Anwerbung abseits der etablierten aber überholten Mechanismen des bestehenden Vertrages wurden nicht weiter verfolgt.

> „Manche deutschen Beamte erkannten sehr bald, dass neben der Anwerbung auch andere Maßnahmen getroffen werden mussten, wenn man die italienische Zuwanderung auch nach der Etablierung der freien Einreise im Rahmen der EWG wollte. Es wurde z. B. die Einführung unverbindlicher Beratungsstellen in Süditalien vorgeschlagen, welche Informationen über die Deutsche Kommission und über die Arbeitsaussichten für frei Einreisende vermitteln sollten. Um das italienische Misstrauen gegenüber staatlichen Behörden zu überwinden, hätten sich diese Dienststellen als eine Art „Reisebüro" und nicht als öffentliche Institutionen vorstellen sollen, lautete die Empfehlung. Solche Ideen wurden von der Bundesanstalt für Arbeit aber nicht aufgenommen. Eine Steuerung der neuen italienischen Migrationsbewegung außerhalb des Anwerbesystems wurde nicht einmal versucht" (Sala 2007: 119).

Temporäre Beschäftigung in Form von Werkverträgen und Saisonarbeit wurde ab 1990, aufgrund einer partiellen Aufhebung des Anwerbestopps, über bilaterale Vereinbarungen geregelt (Laubenthal 2012). 2011 bestanden Verträge zur Anwerbung von Saisonarbeiterinnen und -arbeitern mit Polen, Slowenien, Ungarn, Slowakei, Rumänien, Bulgarien, der Tschechischen Republik und Kroatien. Nach Einführung der EU-Freizügigkeit für die EU-8 hat lediglich die Vereinbarung mit Kroatien Bestand. Eine andere Form der gesteuerten Anwerbung ist die Beschäftigung von Fachkräften für die häusliche Pflege über Artikel 21 der Beschäftigungsverordnung (SVR 2011).

Die Entwicklung hin zu einer stärkeren Förderung der innereuropäischen Zuwanderung wird auch von den Bundesländern angetrieben, teilweise unter deutlicher Kritik der Politik der Bundesregierung, die mitunter als zu zögerlich empfunden wird. Dabei gibt es unterschiedliche Geschwindigkeiten in der Entwicklung von mobilitätsfördernder Politik durch die Bundesländer, die mit unterschiedlichen demografischen Entwicklungen und Arbeitsmarktlagen zusammenhängen.

„[...] [R]egional migration patterns and historically grown networks also play a role in shaping regional labour migration policies and needs. While in the western federal states there is a tradition of intra-EU labour migration, i.e. a traditional migration and migration networks of Italian or Spanish workers exists that encourages new migration from these countries, in the Eastern German *Länder* often have historical migration ties with Eastern (European) countries who until recently have not been in the EU, or who still are not EU members" (Laubenthal 2012: 22).

Bilaterale Vereinbarungen spielen seit geraumer Zeit eine bedeutende Rolle im innereuropäischen Migrationsgeschehen. Bereits Anfang der 2000er-Jahre hat die britische Regierung Vereinbarungen mit Spanien, Deutschland, Italien und Frankreich zwecks einer Förderung der Migration von Gesundheitspersonal abgeschlossen (Plotnikova 2014: 328). 2005 haben die deutsche und die französische Regierung eine Vereinbarung zur Förderung der grenzüberschreitenden Kooperation zur Gewährleistung und Sicherstellung einer angemessen gesundheitlichen Betreuung auf beiden Seiten der Grenzen unterzeichnet.

„The agreement aims at facilitating the use of ambulances and emergency staff on foreign territory, in order to improve emergency care in accidents. Further, it facilitates the cooperation of hospitals in the border regions through partnerships and exchange of personnel and knowledge. The overall goal is to improve access to continuous care for the population in the region" (Wiskow 2006: 27).

Eine ähnliche Vereinbarung wurde 2002 zwischen der spanischen und der französischen Regierung abgeschlossen. Ziel war es, die Anstellung spanischer Krankenpflegerinnen und -pfleger in französischen Krankenhäusern zu fördern. Zwischen 2002 und 2004 kam es zu 1.364 Vertragsabschlüssen (Dumont & Zurn 2007).

Spanien und Frankreich haben 2005 ein Abkommen zur grenzüberschreitenden Zusammenarbeit in Cerdanya vereinbart. Auch hier war das Ziel die Sicherstellung der Gesundheitsversorgung (Mission Operationnelle Transfrontaliere, 2007; Wismar 2011).

Regionale Kooperationen und bilaterale Vereinbarungen spielen auch eine Rolle in der Anwerbung der ehemaligen Anwärterstaaten. 2002 unterzeichneten die niederländische und die polnische Regierung eine Vereinbarung zur Rekrutierung von Krankenpflegepersonal, die mit dem Beitritt Polens zur EU aufgekündigt wurde. Insgesamt wurden 91 polnische Pflegekräfte rekrutiert. Das Programm wurde von der International Organization for Migration (IOM) evaluiert (IOM et al. 2003). Die italienische Region Friaul schloss eine Anwerbevereinbarung von Krankenpflegerinnen und -pfleger mit der rumänischen Regierung und gründete einen Verein, der eine qualitativ hochwertige Rekrutierung gewährleisten sollte (OECD 2004; Plotnikova 2014: 330).

Bundes- und Landesregierungen haben eine Reihe bilateraler Vereinbarungen zur Förderungen der innereuropäischen Mobilität unterzeichnet. Seit 2012 sind vor allem mit der spanischen Zentralregierung und spanischen Landesregierungen solche Vereinbarungen unterzeichnet worden.

Das spanische Ministerium für Arbeit und Sozialversicherung und das Bundesministerium für Arbeit und Soziales haben am 21.05.2013 eine Absichtserklärung unterzeichnet, die die Förderung der Mobilität am Ausbildungs- und Arbeitsmarkt zum Ziel hat (Ministerio de Empleo y Seguridad Social & Bundesministerium für Arbeit und Soziales 2013). Diese Absichtserklärung wurde durch die Kooperationsvereinbarung zwischen der Bundesagentur für Arbeit und der spanischen Arbeitsverwaltung vom 29.09.2014 weiter ausgeführt und konkretisiert. Ziel dieser Vereinbarung ist es „bestehende Hürden in der internationalen Mobilität weiter abzubauen" (Bundesagentur für Arbeit & Servicio Público de Empleo Estatal 2014: 2). Vorgesehen sind verschiedene Maßnahmen, wie etwa die Einrichtung eines Informations- und Orientierungszentrums in Spanien und eine verstärkte Unterstützung von Staatsbürgerinnen und -bürgern, die in das jeweils andere Land ziehen wollen, um dort zu arbeiten oder um eine Ausbildung zu beginnen.

Im Bereich der Berufsbildung haben das spanische Ministerium für Bildung, Kultur und Sport und das Bundesministerium für Bildung und Forschung am 12.07.2012 eine Absichtserklärung unterzeichnet, die u. a. auch eine Förderung der Mobilität zwischen beiden Ländern vorsah (Ministerio de Educación, Cultura y Deporte & Bundesministerium für Bildung und Forschung 2012). Auch die multilaterale Initiative des Bundesministeriums für Bildung und Forschung der Bundesrepublik Deutschland (2012) enthält spezifische und ausführliche Vorhaben im Bereich der Mobilität.

Auf der Ebene der Bundesländer ist seit 2012 eine Reihe von Vereinbarungen mit spanischen Landesregierungen geschlossen worden, die ausschließlich oder u. a. die Förderung der Mobilität beabsichtigen (Land Hessen & Autonome Gemeinschaft Madrid 2012; Generalitat de Catalunya & Landesregierung Baden-Württemberg 2014; Generalitat de la Comunitat Valenciana & Landesregierung Sachsen-Anhalt 2012).

Das Instrument der bilateralen Vereinbarung auf nationaler oder regionaler Ebene wird bislang von deutschen Akteuren noch unzureichend genutzt, um Mobilität zu fördern, geschweige denn, um Qualitätskriterien zu etablieren bzw. den Prozess der Qualitätsentwicklung voranzutreiben.

3.5. Schlussfolgerungen

Staatliches Handeln ist auch im Rahmen der EU-Freizügigkeit zentral, um innereuropäische Mobilität zu fördern. In diesem Kapitel wurde der Versuch unternommen, die Handlungsfelder eines solchen Ansatzes zu skizzieren. Statt auf die Instrumente der traditionellen Ausländerpolitik (Aufenthaltserlaubnisse, Selektionsprozesse, regulierter Familiennachzug, Zuzugssperren) zu setzen, hat staatliches Handeln Anreize zu setzen, um im Wettbewerb mit den restlichen Staaten der EU bestehen zu können. Dazu zählen u. a. folgende möglichen Handlungsansätze:

- Stärkung der Arbeitsmarktorientierung bei Zuwandernden und Anwerbung durch die Bundesagentur für Arbeit

- Dezidierte Normsetzung, die die Zuwanderung und Integration der innereuropäischen Migrantinnen und Migranten erleichtert

- Entwicklung eines zuwanderungsfreundlichen Diskurses

- Förderung der Mobilität von Menschen aus Drittstaaten, die bereits in der EU leben

- Entwicklung einer nachhaltigen Mobilität durch eine konsequente Integrationspolitik mit Anpassung der staatlichen Institutionen an die Erfordernisse einer mobilitätsfreundlichen Politik und Förderung von Spracherwerb

- Einsatz europäischer Fonds zur Förderung der Mobilität

- Nutzung bilateraler Vereinbarungen zur Förderung nachhaltiger, innereuropäischer Mobilität.

Teil II -
Analysen und Praxismethoden der Integration europäischer Zuwandernder in Berlin

4. EU-Ausländerinnen und EU-Ausländer auf dem Berliner Arbeitsmarkt

Maëlle Dubois, Judy Korn, Marianne Kraußlach, Stephanie Sperling, Christian Pfeffer-Hoffmann

In diesem Kapitel wird die Situation der EU-Binnenmigrantinnen und -migranten auf dem Berliner Arbeitsmarkt analysiert. Berücksichtigt werden dabei die Daten zu den Personen aus den acht EU-Mitgliedsstaaten, aus denen im Jahr 2015 am meisten Personen in Berlin lebten. Dabei werden Angaben zu den sozialversicherungspflichtig und den geringfügig Beschäftigten sowie zu den als arbeitslos gemeldeten Personen untersucht. Ziel ist es, zu analysieren, ob sich Auffälligkeiten in der Situation der EU-Ausländerinnen und -Ausländer auf dem Berliner Arbeitsmarkt beobachten lassen: Unterscheidet sich ihre Lage von der der Gesamtbevölkerung Berlins? Und lassen sich Besonderheiten der in Berlin lebenden EU-Bürgerinnen und -Bürger im Vergleich mit der Situation in Gesamtdeutschland identifizieren? Im Fokus stehen dabei die Fragen nach der Geschlechter- und Altersverteilung, dem Qualifikationsniveau, das die EU-Binnenmigrantinnen und -migranten mitbringen, dem Anforderungsniveau ihrer derzeitigen Tätigkeiten und den Arbeitsbranchen, in die sie eingemündet sind.

4.1. Sozialversicherungspflichtig Beschäftigte

In den letzten Jahren sind viele EU-Bürgerinnen und -Bürger nach Berlin gezogen. Dies spiegelt sich auch in den Statistiken der Bundesagentur für Arbeit wider. Im Jahr 2015 arbeiteten in Berlin 20 % mehr EU-ausländische sozialversicherungspflichtig Beschäftigte als im Jahr 2014. Diese Entwicklung ist staatsangehörigkeitsübergreifend zu beobachten, aber besonders stark bei Menschen aus Bulgarien (+47,7 %) und Rumänien (+66,4 %) ausgeprägt. Es ist anzunehmen, dass sich diese Entwicklungen auf den Ablauf der Übergangsfrist für den freien Personenverkehr im Schengen-Raum ab dem 1. Januar 2014 zurückführen lassen.

Was unter sozialversicherungspflichtig Beschäftigten zu verstehen ist, kann folgendem Zitat der Bundesagentur für Arbeit entnommen werden:

„Sozialversicherungspflichtig Beschäftigte umfassen alle Arbeitnehmer, die kranken-, renten-, pflegeversicherungspflichtig und/oder beitragspflichtig nach dem Recht der Arbeitsförderung sind oder für die Beitragsanteile zur gesetzlichen Rentenversicherung oder nach dem Recht der Arbeitsförderung zu zahlen sind. Dazu gehören insbesondere auch Auszubildende, Altersteilzeitbeschäftigte, Praktikanten, Werkstudenten und Personen, die aus einem sozialversicherungspflichtigen Beschäftigungsverhältnis zur Ableistung von gesetzlichen Dienstpflichten (z. B. Wehrübung) einberufen werden. Nicht zu den sozialversicherungspflichtig Beschäftigten zählen dagegen Beamte, Selbstständige, mithelfende Familienangehörige, Berufs- und Zeitsoldaten, sowie Wehr- und Zivildienstleistende" (Bundesagentur für Arbeit 2013a).

4.1.1. Soziodemografische Merkmale

Im Vergleich zum bundesweiten Durchschnitt hebt sich das Geschlechterverhältnis der Gesamtheit sozialversicherungspflichtig Beschäftigter (SvB) in Berlin ab: Während der Anteil der Männer unter den SvB im gesamten Bundesgebiet mit 53,6 % deutlich höher ist als der der Frauen (46,4 %), fällt dieser Unterschied in Berlin schwächer aus. Insgesamt sind in Berlin 49 % der SvB Männer und 51 % Frauen.

Ein Blick auf die EU-ausländischen SvB zeigt aber, dass sich die Situation unter diesen anders gestaltet. Wie der Tabelle 5 entnommen werden kann, ist der Anteil der Männer an den SvB im Vergleich mit dem Durchschnitt in den verschiedenen europäischen Communities in Berlin wesentlich höher als der der Frauen. Eine Ausnahme hiervon bilden SvB aus Polen mit einem Frauenanteil von 52,6 % in Berlin.

Tabelle 5: Geschlechterverhältnisse der EU-ausländischen SvB in Berlin und Deutschland nach Staatsangehörigkeit
Stichtag 30.06.2015 (Eigene Darstellung nach Bundesagentur für Arbeit) © Minor

Region	Staatsangehörigkeit	Insgesamt	Männer Absolut	Männer Prozent	Frauen Absolut	Frauen Prozent
Berlin	Insgesamt	1.311.079	643.065	49,0	668.014	51,0
Berlin	EU-Ausland	64.842	34.940	53,9	29.902	46,1
Berlin	Frankreich	4.384	2.286	52,1	2.098	47,9
Berlin	Griechenland	3.239	1.921	59,3	1.318	40,7
Berlin	Italien	8.023	4.978	62,0	3.045	38,0
Berlin	Spanien	4.308	2.249	52,2	2.059	47,8
Berlin	Vereinigtes Königreich	3.346	2.121	63,4	1.225	36,6
Berlin	Polen	15.187	7.192	47,4	7.995	52,6
Berlin	Bulgarien	5.044	2.893	57,4	2.151	42,6
Berlin	Rumänien	3.309	2.066	62,4	1.243	37,6
Deutschland	Insgesamt	30.771.297	16.504.172	53,6	14.267.125	46,4
Deutschland	EU-Ausland	1.565.110	954.912	61,0	610.198	39,0
Deutschland	Frankreich	75.315	45.484	60,4	29.831	39,6
Deutschland	Griechenland	123.542	76.150	61,6	47.392	38,4
Deutschland	Italien	232.232	151.944	65,4	80.288	34,6
Deutschland	Spanien	60.320	35.292	58,5	25.028	41,5
Deutschland	Vereinigtes Königreich	34.664	24.090	69,5	10.574	30,5
Deutschland	Polen	305.726	182.154	59,6	123.572	40,4
Deutschland	Bulgarien	72.205	44.863	62,1	27.342	37,9
Deutschland	Rumänien	190.191	121.294	63,8	68.897	36,2

Dies lässt sich zumindest zum Teil darauf zurückführen, dass aus den hier untersuchten Herkunftsländern – außer im Falle Polens – mehr männliche als weibliche Personen in Berlin gemeldet sind. Die Verteilung der Grundgesamtheit in Berlin lebender EU-Bürgerinnen und -Bürger im erwerbsfähigen Alter spiegelt sich recht deutlich in der prozentualen Verteilung der SvB nach Geschlecht wider. Dennoch wird deutlich, dass auch bei Berücksichtigung der Geschlechterverteilung der in Berlin gemeldeten EU-Bürgerinnen und -Bürger Männer unter den SvB überrepräsentiert sind. Der Unterschied in den Anteilen liegt zwischen +0,9 Prozentpunkten bei den Menschen aus Spanien (51,3 % der gemeldeten Personen sind männlich; 52,2 % der SvB sind männlich) und +5,7 Prozentpunkten bei den Menschen aus Rumänien (56,7 % der gemeldeten Personen sind männlich; 62,4 % der SvB sind männlich).

Tabelle 6: Geschlechterverhältnisse der in Berlin gemeldeten EU-Ausländerinnen und -Ausländer über 15 Jahre [7]
Stichtag 31.12.2015 (Eigene Darstellung nach Amt für Statistik Berlin-Brandenburg) © Minor

Staatsangehörigkeit	Insgesamt	Männer		Frauen	
		Absolut	Prozent	Absolut	Prozent
Frankreich	16.884	8.414	49,8	8.470	50,2
Griechenland	11.994	6.509	54,3	5.485	45,7
Italien	25.406	15.095	59,4	10.311	40,6
Spanien	13.194	6.763	51,3	6.431	48,7
Vereinigtes Königreich	13.530	8.319	61,5	5.211	38,5
Polen	50.326	23.980	47,6	26.346	52,4
Bulgarien	20.303	10.549	52,0	9.754	48,0
Rumänien	13.572	7.872	58,0	5.700	42,0

Mit Bezug auf das Alter der SvB in Berlin, zeigt sich, dass diese im Durchschnitt jünger sind als in Deutschland insgesamt. Insbesondere der Anteil der 25 bis 35-Jährigen ist in der Hauptstadt um 5 Prozentpunkte höher als in der Bundesrepublik.

Unter den EU-ausländischen SvB ist diese verstärkte Präsenz junger Menschen besonders deutlich zu beobachten. So ist der Anteil der 25-35-Jährigen mit 40,2 % an allen EU-ausländischen SvB um fast 12 Prozentpunkte höher als im gesamten Bundesgebiet.

Bei einer gesonderten Betrachtung nach Herkunftsland wird deutlich, dass insbesondere für Menschen aus Frankreich, Italien, Spanien und dem Vereinigten Königreich gilt: Im Vergleich mit dem gesamten Bundesgebiet sind die SvB in Berlin wesentlich jünger. Der Anteil der 25 bis 35-Jährigen liegt jeweils um mindestens 20 Prozentpunkte höher. Bei den Berliner Spanierinnen und Spaniern sind sogar fast 62 % der SvB maximal 35 Jahre alt.

Diese starke Präsenz von jungen Menschen auf dem Arbeitsmarkt lässt sich darauf zurückführen, dass die Hauptstadt generell eine junge Altersstruktur bei den

---

[7] Obwohl die über 65-Jährigen laut der Bundesagentur für Arbeit nicht in der Bevölkerung im erwerbsfähigen Alter erfasst werden, wurden sie in der Statistik zu den SvB und GeB berücksichtigt. Daher werden hier nur die unter 15-Jährigen rausgerechnet.

EU-Ausländerinnen und -Ausländer aufweist. Die Unterschiede zwischen Staatsangehörigkeiten in Bezug auf die Arbeitsmarktdaten spiegeln die verschiedenen Altersverteilungen innerhalb der EU-ausländischen Communities wider.

4.1.2. Berufsabschluss

Die Bundesagentur für Arbeit erfasst die Berufsabschlüsse der Personen, die einer sozialversicherungspflichtigen Beschäftigung nachgehen. Bei der Untersuchung dieser Daten wurde deutlich, dass EU-Ausländerinnen und -Ausländer, die in Berlin einer sozialversicherungspflichtigen Beschäftigung nachgehen, im Vergleich mit allen SvB überdurchschnittlich häufig über einen akademischen Abschluss verfügen und seltener als der Durchschnitt über einen anerkannten Berufsabschluss (siehe Abbildung 13).

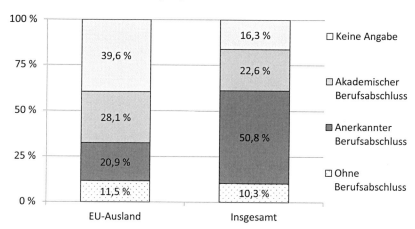

Abbildung 13: Verteilung der EU-ausländischen SvB in Berlin nach Berufsabschluss im Vergleich
Stichtag 30.06.2015 (Eigene Darstellung nach Bundesagentur für Arbeit) © Minor

Je nach Staatsangehörigkeit lassen sich jedoch deutliche Unterschiede erkennen. Nur die Verteilung der Berufsabschlüsse sozialversicherungspflichtig beschäftigter Menschen aus Italien ähnelt der der Gesamtverteilung der europäischen SvB stark. Mehr als 40 % der Menschen aus Frankreich, Spanien und dem Vereinigten Königreich, die in Berlin einer sozialversicherungspflichtigen Beschäftigung nachgehen, verfügen über einen akademischen Abschluss. Bei den Französinnen und Franzosen liegt dieser Anteil sogar bei fast 50 %. Der Anteil der SvB ohne Berufsabschluss, mit anerkanntem Berufsabschluss oder für den keine Angabe gemacht wurde, ist dagegen für diese Communities niedriger als der EU-ausländische Durchschnitt in Berlin.

Eine andere Situation zeichnet sich bei den Menschen aus Südosteuropa ab. Unter den SvB aus Bulgarien und Rumänien findet sich ein geringerer Anteil an Akademikerinnen und Akademikern und ein höherer Anteil ohne Angabe zum Berufsabschluss. Bei den Bulgarinnen und Bulgaren ist dieses Muster besonders deutlich ausgeprägt: Mehr als 15 % von ihnen haben keinen Berufsabschluss und weniger als 13 % verfügen über einen akademischen Abschluss. Außerdem ist bei mehr als 60 % keine Angabe zu verzeichnen.

Bei den sozialversicherungspflichtig beschäftigten Polinnen und Polen ist der Anteil der Akademikerinnen und Akademiker zwar mit 17,9 % ähnlich niedrig wie bei den SvB aus Rumänien, jedoch verfügen sie im Vergleich mit allen anderen hier untersuchten Communities über den höchsten Anteil an SvB mit einem anerkannten Berufsabschluss. Mehr als ein Viertel der polnischen SvB (26,2 %) in Berlin verfügt über einen solchen.

Die verschiedenen Berufsabschlüsse sind in den verschiedenen Generationen nicht gleichmäßig verteilt. Nur die anerkannten Berufsabschlüsse sind sowohl bei jüngeren als auch bei älteren SvB vorhanden. Dagegen sind mehr als 55 % der EU-ausländischen SvB, die einen akademischen Abschluss haben, zwischen 25 und 35 Jahren alt. Die Unionsbürgerinnen und -bürger, die ohne Berufsabschluss einer sozialversicherungspflichtigen Beschäftigung nachgehen, sind ebenfalls sehr jung: Fast 23 % von ihnen sind sogar jünger als 25 Jahre.

Im Vergleich zur bundesweiten Situation ist eindeutig zu erkennen, dass die EU-ausländischen SvB sehr gut ausgebildet sind. Während in Berlin nur 11,5 % von ihnen keinen Berufsabschluss haben, sind es im Bundesgebiet fast 19 %. Mit 13 % ist der Akademikeranteil unter ihnen in Deutschland halb so hoch wie in der Hauptstadt. Der Anteil von EU-ausländischen SvB, die einen anerkannten Berufsabschluss haben, ist hingegen mit 36,6 % in ganz Deutschland deutlich höher als in Berlin (20,9 %). Der Anteil, für den keine Angabe vorliegt, ist im Bundesgebiet sieben Prozentpunkte niedriger als in Berlin. Die hier für die EU-Bürgerinnen und EU-Bürger festgestellten Unterschiede im Bildungsprofil der SvB zwischen Berlin und dem Bundesgebiet finden sich auch bei der Betrachtung der

EU-Ausländerinnen und EU-Ausländer auf dem Berliner Arbeitsmarkt

Gesamtdaten wieder. In Berlin verfügen SvB insgesamt häufiger über einen akademischen Abschluss (22,6 %) als in Deutschland insgesamt. Seltener hingegen verfügen die SvB in Berlin über einen anerkannten Berufsabschluss. Für die EU-Bevölkerung fallen diese Differenzen jedoch stärker aus.

4.1.3. Anforderungsniveau

Nach Angaben der Bundesagentur für Arbeit handelt es sich bei dem Anforderungsniveau um „eine Kennzahl für die Komplexität der ausgeübten Tätigkeit. Sie ist immer für einen bestimmten Beruf typisch und außerdem unabhängig von der formalen Qualifikation einer Person" (Bundesagentur für Arbeit 2013b).

Im Vergleich zur Gesamtheit der SvB in Berlin sind EU-ausländische SvB auffällig häufig in Arbeitsgelegenheiten beschäftigt, die durch ein geringes Anforderungsprofil gekennzeichnet sind (siehe Abbildung 14).

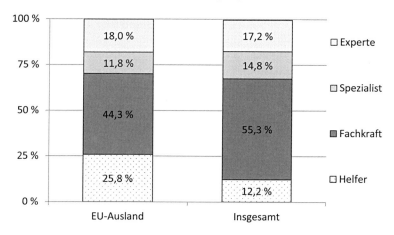

Abbildung 14: Verteilung der EU-ausländischen SvB in Berlin nach Anforderungsniveau im Vergleich
Stichtag 30.06.2015 (Eigene Darstellung nach Bundesagentur für Arbeit) © Minor

Die Verteilung auf die verschiedenen Anforderungsniveaus gestaltet sich je nach Staatsangehörigkeit sehr unterschiedlich. Menschen aus Frankreich, Spanien und dem Vereinigten Königreich sind im Vergleich zum europäischen Durchschnitt und auch im Vergleich zum Berliner Gesamtdurchschnitt insgesamt seltener als Helferinnen und Helfer und häufiger auf einem höheren Anforderungsniveau beschäftigt. Bei den Französinnen und Franzosen sowie bei den Britinnen und Briten sind sogar die Hälfte der SvB als Spezialistinnen und Spezialisten oder als Expertinnen und Experten beschäftigt.

Die Menschen aus (Süd-)Osteuropa verfügen dagegen häufiger über Arbeitsstellen mit einem geringeren Anforderungsniveau. Weniger als 20 % von ihnen sind als Spezialistinnen und Spezialisten oder als Expertinnen und Experten beschäftigt, bei den bulgarischen SvB beläuft sich dieser Anteil sogar auf weniger als 12 %. Häufiger sind sie als Helferinnen und Helfer tätig. Bei den Bulgarinnen und Bulgaren ist es sogar mehr als die Hälfte. Die rumänischen SvB hingegen sind häufiger als Fachkräfte tätig.

Wie bereits beim Berufsabschluss, so ist auch hinsichtlich des Anforderungsniveaus die Altersverteilung nicht gleichmäßig. Bei den Spezialistinnen und Spezialisten sowie bei den Expertinnen und Experten ist ungefähr die Hälfte der SvB aus dem EU-Ausland zwischen 25 und 35 Jahren alt. Dabei sind aber wenige jünger als 25 Jahre alt. Auch die Fachkräfte sind mehrheitlich jünger als 35 Jahre, wobei der Anteil an unter 25-Jährigen höher ist (11,4 %). Mehr als die Hälfte der Helferinnen und Helfer sind älter als 35 Jahre, jedoch auch mehr als 12 % jünger als 25 Jahre.

Der Vergleich mit der Situation der EU-ausländischen SvB im Bundesgebiet zeigt eindeutig, dass die EU-ausländischen SvB in Berlin viel häufiger einer Beschäftigung mit hohem Anforderungsniveau nachgehen. Außerdem weicht ihre Situation in Berlin weniger von der Verteilung aller SvB nach Anforderungsniveaus ab, als dies für das Bundesgebiet der Fall ist. Während der Anteil der EU-Ausländerinnen und -Ausländer, die in Berlin einer Beschäftigung mit hohem Anforderungsniveau (Experten- oder Spezialistenniveau) nachgehen, nur drei Prozentpunkte von dem Durchschnitt abweicht, beläuft sich dieser Unterschied in Deutschland auf fast neun Prozentpunkte. Die Abweichung bei den Helferinnen und Helfern unter EU-Ausländerinnen und -Ausländern (zum Gesamtdurchschnitt) liegt in Deutschland bei + 21 Prozentpunkten. In Berlin fällt der Unterschied mit einer Differenz von ca. + 14 Prozentpunkten geringer aus.

Auch in Bezug auf die Beteiligung verschiedener Altersgruppen am Arbeitsmarkt unterscheidet sich die Situation in Berlin sehr von der in ganz Deutschland. Während die Stellen mit hohem Anforderungsniveau in Berlin häufiger von jungen Menschen besetzt werden, ist die Altersverteilung in Deutschland bei allen Anforderungsniveaus ziemlich gleich. Jedoch sind die unter 35-Jährigen in Deutschland, im Gegensatz zu Berlin, häufiger mit einem Helferanforderungsniveau als mit einem Expertenanforderungsniveau tätig. Wie in Berlin, ist der Anteil der unter 25-Jährigen höher bei den unteren als bei den höheren Anforderungsniveaus.

4.1.4. Arbeitsbranchen

Bei der Untersuchung, in welchen Arbeitsbranchen die SvB in Berlin tätig sind, fällt auf, dass eine große Mehrheit der EU-ausländischen SvB, wie auch der SvB insgesamt, in Berlin im Dienstleistungssektor arbeitet. In manchen Branchen sind die EU-Bürgerinnen und -Bürger jedoch im Vergleich zum Berliner Durchschnitt über- oder unterrepräsentiert (siehe Abbildung 15).

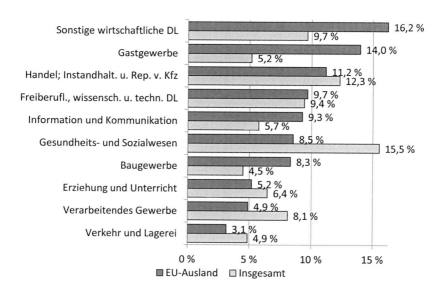

Abbildung 15: Häufigste Arbeitsbranchen der EU-ausländischen SvB in Berlin im Vergleich
Stichtag 30.06.2015 (Eigene Darstellung nach Bundesagentur für Arbeit) © Minor

Unabhängig von der Staatsangehörigkeit zeichnet sich ein klares Geschlechterverhältnis ab. In den Arbeitsbranchen „Erziehung und Unterricht" sowie „Gesundheits- und Sozialwesen" sind hauptsächlich Frauen beschäftigt: So befinden sich diese Branchen herkunftsübergreifend unter den ersten sieben Plätzen auf der Liste der häufigsten Arbeitsbranchen der Frauen. In den ost- und südosteuropäischen Communities ist auch bei den Männern in bestimmten

Branchen eine Konzentration zu beobachten: So liegt die Arbeitsbranche „Baugewerbe" bei den Polen, Bulgaren und Rumänen auf Platz eins.

Die Berufe in den zehn häufigsten Arbeitsbranchen der EU-Staatsbürgerinnen und -bürger in Berlin werden von unterschiedlichen Generationen ausgeübt (siehe Abbildung 16).

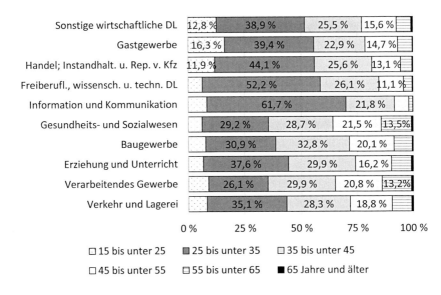

Abbildung 16: Altersverteilung der EU-ausländischen SvB in Berlin nach Wirtschaftszeigen
Stichtag 30.06.2015 (Eigene Darstellung nach Bundesagentur für Arbeit) © Minor

In Bezug auf die Arbeitsbranchen unterscheidet sich die Situation der EU-Bürgerinnen und -Bürger auf dem Arbeitsmarkt in Berlin von der im gesamten Bundesgebiet. Während in ganz Deutschland 18,9 % der EU-ausländischen SvB im verarbeitenden Gewerbe beschäftigt sind, liegt dieser Anteil in Berlin bei unter 5 %. Auch in der Verkehr- und Lagereibranche ist der Anteil in der Hauptstadt nur halb so hoch wie im restlichen Bundesgebiet.

In den freiberuflichen, wissenschaftlichen und technischen Dienstleistungen ist der Anteil in Berlin hingegen doppelt so hoch wie in ganz Deutschland. In der Informations- und Kommunikationsbranche sind in Berlin 9,3 % der europäischen SvB beschäftigt, während bundesweit nur 2,4 % von ihnen in dieser Branche arbeiten.

Wie bei der gesamten Altersverteilung der SvB zeigt sich auch bei der Unterscheidung nach Arbeitsbranche ein deutlicher Unterschied zwischen der bundesweiten Situation und der in Berlin. In den zehn häufigsten Arbeitsbranchen sind alle Altersgruppen in ganz Deutschland gleichmäßiger verteilt als in der Hauptstadt. Auch in der Informations- und Kommunikationsbranche ist dort mehr als die Hälfte der SvB älter als 35 Jahre. Im Gastgewerbe sind aber, wie in Berlin, mehr als 16 % der SvB weniger als 25 Jahre alter. Allerdings ist der Anteil der 15- bis 25-Jährigen in dieser Branche um 8 Prozentpunkte geringer als in der Hauptstadt. Auch in der Landwirtschaft sind verhältnismäßig viele SvB jünger 25 Jahre.

4.2. Geringfügige Beschäftigung

Die Entwicklung der EU-ausländischen geringfügig Beschäftigten (GeB) in Berlin verlief im vergangenen Jahr entgegen dem allgemeinen Trend. Während die Anzahl der GeB insgesamt um 1,6 % gesunken ist, ist die der EU-Ausländerinnen und -Ausländer um 4,6 % gestiegen. Zu dieser Entwicklung tragen hauptsächlich Menschen aus Bulgarien und Rumänien bei. Besonders fällt hier die prozentuale Zunahme von etwa 93 % bei rumänischen GeB auf. Hingegen sind die Zahlen bei den anderen Staatsangehörigkeiten zurückgegangen. Nur bei Menschen aus Frankreich und Polen haben sie leicht zugenommen (+1,0 % und +2,4 %).

Bundesweit ist eine ähnliche Tendenz zu beobachten. Während die Anzahl der GeB insgesamt stagniert (-0,01 %), ist diese bei den EU-Ausländerinnen und EU-Ausländern um fast 9,5 % gestiegen. Diese Zahl hat bei allen Communities außer den Französinnen und Franzosen (-0,2 %) zugenommen, wobei Menschen aus Bulgarien (+35,8 %) und Rumänien (+28,4 %) besonders zu dieser Entwicklung beitragen.

Nach einer Definition der Bundesagentur für Arbeit zählen zu den geringfügigen Beschäftigungen „Arbeitsverhältnisse mit einem niedrigen Lohn (geringfügig entlohnte Beschäftigung) oder mit einer kurzen Dauer (kurzfristige Beschäftigung). Beide werden auch als "Minijob" bezeichnet. Eine geringfügig entlohnte Beschäftigung nach § 8 Abs. 1 Nr. 1 SGB IV liegt vor, wenn das Arbeitsentgelt aus dieser Beschäftigung (§ 14 SGB IV) regelmäßig im Monat die Geringfügigkeitsgrenze nicht überschreitet. Die Geringfügigkeitsgrenze beträgt bis einschließlich zum 31.12.2012 400 Euro und ab dem 01.01.2013 450 Euro" (Bundesagentur für Arbeit 2013a).

4.2.1. Soziodemografische Merkmale

Bei der Betrachtung der Geschlechterverhältnisse unterscheidet sich Berlin deutlich vom Rest Deutschlands. So teilen sich die 211.940 in Berlin gemeldeten GeB zu 44,3 % in Männer und 55,7 % Frauen auf. Im direkten Vergleich mit dem gesamten Bundesgebiet zeigt sich, dass der Anteil an geringfügig beschäftigten Frauen in Berlin um 5 Prozentpunkte geringer ist.

Einige Staatsangehörigkeiten weichen besonders vom Durchschnitt ab (siehe Tabelle 7). Für eine bessere Interpretierbarkeit der Daten müssen auch hier die Meldedaten des Amtes für Statistik Berlin-Brandenburg zurate gezogen werden, die Aufschluss darüber geben, wie das Geschlechterverhältnis in der Gesamtheit der in Berlin gemeldeten Personen aus einem jeweiligen Herkunftsland aussieht. Auffälligkeiten bestehen beispielsweise bei den Polinnen und Polen. So sind etwa 70 % aller polnischen GeB in Berlin Frauen und nur etwa 30 % Männer. Zwar sind mit einem Anteil von 52 % an allen Menschen aus Polen generell mehr polnische Frauen in Berlin gemeldet, allerdings kann das auffällige Geschlechterverhältnis nicht ausschließlich hierauf zurückgeführt werden. Bei den Menschen aus Bulgarien sind Frauen mit einem Anteil von 57 % bei den GeB um 9 Prozentpunkte stärker vertreten als unter der Gesamtheit der in Berlin gemeldeten Menschen aus Bulgarien. Ähnlich zeigt sich das Abbild bei den italienischen und britischen GeB in Berlin. Hier beläuft sich der Anteil der Frauen an den GeB lediglich auf 45 % und damit weniger als die Hälfte. Betrachtet man jedoch die Gesamtverteilung der in Berlin gemeldeten Personen, so wird deutlich, dass auch Frauen aus Italien und Großbritannien in Berlin unter den GeB überrepräsentiert sind. Frauen stellen nämlich nur 41 % der italienischen und 39 % der britischen Bevölkerung in Berlin dar. Ein in der Tendenz umgekehrtes Verhältnis zeichnet sich hingegen bei den rumänischen GeB in Berlin ab. Hier sind es etwa 40 % Frauen und 60 % Männer. Unter den gemeldeten Menschen aus Rumänien machen die Frauen 43 % aus, d. h. sie sind vergleichsweise leicht unterrepräsentiert unter den GeB.

Mit Bezug auf die Altersverteilung lässt sich allgemein feststellen, dass prozentual betrachtet mehr sehr junge Menschen aus der Altersgruppe 15-25 Jahre in geringfügigen Beschäftigungen tätig sind, als es in sozialversicherungspflichtigen Beschäftigungen der Fall ist. Auch ist der Anteil an GeB, der sehr jung (unter 25

Jahre) ist, in Berlin durchweg höher als im restlichen Bundesgebiet. Dies erklärt sich allerdings auch mit der allgemeinen Altersstruktur in Berlin.

Tabelle 7: Geschlechterverhältnisse der GeB in Berlin und Deutschland nach Staatsangehörigkeit
Stichtag 30.06.2015 (Eigene Darstellung nach Bundesagentur für Arbeit) © Minor

Region	Staatsangehörigkeit	Insgesamt	Männer		Frauen	
			Absolut	Prozent	Absolut	Prozent
Berlin	Insgesamt	211.940	93.944	44,3	117.996	55,7
	EU-Ausland	11.492	4.782	41,6	6.710	58,4
	Frankreich	512	231	45,1	281	54,9
	Griechenland	669	336	50,2	333	49,8
	Italien	1.431	784	54,8	647	45,2
	Spanien	711	334	47,0	377	53,0
	Vereinigtes Königreich	315	173	54,9	142	45,1
	Polen	3.325	969	29,1	2.356	70,9
	Bulgarien	1.246	535	42,9	711	57,1
	Rumänien	634	381	60,1	253	39,9
Deutschland	Insgesamt	7.704.750	3.032.447	39,4	4.672.303	60,6
	EU-Ausland	422.789	171.686	40,6	251.103	59,4
	Frankreich	9.426	3.989	42,3	5.437	57,7
	Griechenland	33.970	15.487	45,6	18.483	54,4
	Italien	63.232	30.584	48,4	32.648	51,6
	Spanien	11.165	4.936	44,2	6.229	55,8
	Vereinigtes Königreich	4.487	2.361	52,6	2.126	47,4
	Polen	94.718	31.214	33,0	63.504	67,0
	Bulgarien	22.515	10.266	45,6	12.249	54,4
	Rumänien	78.011	32.861	42,1	45.150	57,9

4.2.2. Arbeitsbranchen

Noch häufiger als bei den sozialversicherungspflichtig Beschäftigten sind die EU-Bürgerinnen und -Bürger, die einer geringfügigen Beschäftigung nachgehen, im Dienstleistungssektor tätig. Ohne Zweifel ist es aber das Gastgewerbe, in dem am meisten EU-ausländische GeB tätig sind. Wie bei den SvB sind die EU-Bürgerinnen und -Bürger in manchen Branchen im Vergleich mit dem Berliner Durchschnitt über- oder unterrepräsentiert (siehe Abbildung 17).

Gestaltung der europäischen Arbeitsmigration – Analysen, Strategien und Praxismethoden

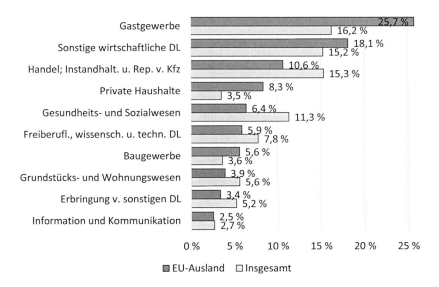

Abbildung 17: Häufigste Arbeitsbranchen der EU-ausländischen GeB in Berlin im Vergleich
Stichtag 30.06.2015 (Eigene Darstellung nach Bundesagentur für Arbeit) © Minor

Nach Staatsangehörigkeiten betrachtet, sind auch hier Unterschiede zu sehen. Bei den Menschen aus Süd- und Westeuropa liegt über beide Geschlechter betrachtet das Gastgewerbe mit großem Abstand an erster Stelle. Insbesondere bei den Italienerinnen und Italienern ist dieser Vorsprung sehr deutlich: Die Gastronomie- und Hotellerie nimmt mit 679 GeB Platz eins ein, gefolgt vom Handel auf Platz 2 mit 199 GeB. Nur im Falle der Spanierinnen steht das Gastgewerbe an zweiter und die Erbringung sonstiger wirtschaftlicher Dienstleistungen an erster Stelle.

Bei den Menschen aus Polen liegt mit 679 Beschäftigten die Branche „Private Haushalte" auf Platz eins. In Berlin sind damit 450 mehr polnische GeB als SvB in dieser Branche beschäftigt. Die Geschlechtszugehörigkeit spielt in dieser Branche ein herausragende Rolle: 97 % der polnischen GeB, die in dieser Branche arbeiten, sind Frauen. Die Branche liegt bei ihnen mit großem Abstand vor der Branche „Sonstige wirtschaftliche Dienstleistungen" auf Platz eins. Bei den Männern liegen die „Sonstigen wirtschaftlichen Dienstleistungen" an erster und das Baugewerbe knapp an zweiter Stelle. Bei beiden Geschlechtern liegt das Gastgewerbe auf Platz drei.

Auch bei den Menschen aus Bulgarien und Rumänien sind geschlechtsspezifische Unterschiede zu beobachten. Die Männer arbeiten häufiger im Baugewerbe (Platz eins für die Bulgaren, Platz zwei für die Rumänen), während im Gastgewerbe eher Frauen beschäftigt sind (Platz eins für die Bulgarinnen, Platz zwei für die Rumäninnen). Aus allen hier betrachteten Staatsangehörigkeiten sind aber auch viele GeB in der Branche „Erbringung sonstiger wirtschaftlicher Dienstleistungen" beschäftigt.

Wie bei den SvB ist die Altersverteilung in den verschiedenen Arbeitsbranchen sehr unterschiedlich (siehe Abbildung 18).

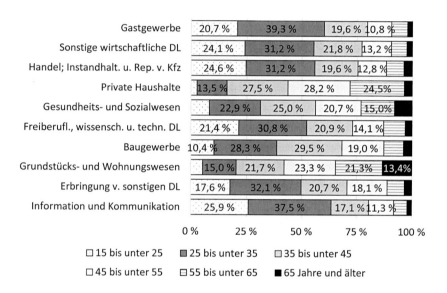

Abbildung 18: Altersverteilung der EU-ausländischen GeB in Berlin nach Wirtschaftszweigen
Stichtag 30.06.2015 (Eigene Darstellung nach Bundesagentur für Arbeit) © Minor

4.3. Beschäftigungsstatus

4.3.1. Sozialversicherungspflichtig und geringfügig Beschäftigte

Setzt man die oben betrachteten Beschäftigungszahlen ins Verhältnis mit den Daten des Einwohnermeldeamtes, so lässt sich berechnen, wie viel Prozent der Bevölkerung der jeweiligen Communities einer sozialversicherungspflichtigen oder einer geringfügigen Beschäftigung nachgehen. Diesbezüglich bestehen einige Unterschiede nach Staatsangehörigkeit. Mit 33,8 % und 34,2 % der Bevölkerung über 15 Jahren, sind Menschen aus Italien und Spanien am häufigsten sozialversicherungspflichtig beschäftigt. Der Anteil an GeB weicht hingegen wenig von dem Durchschnitt ab. Auffallend selten sind Menschen aus Frankreich und dem Vereinigten Königreich, mit einem Anteil von jeweils 2,7 % und 2,5 % in geringfügigen Beschäftigungen tätig. Mit etwa 27,5 % sind diese auch seltener als der EU-Durchschnitt (30,8 %) in sozialversicherungspflichtigen Beschäftigungen tätig, und weisen damit insgesamt eine niedrigere Beschäftigungsquote auf. Mit 27,6 % und 27,1 % sind Menschen aus Bulgarien und Rumänien ebenfalls seltener als der EU-ausländische Durchschnitt in sozialversicherungspflichtigen Beschäftigungen tätig. Menschen aus Bulgarien hingegen sind häufiger in geringfügigen Beschäftigungen (6,7 %) als die Rumäninnen und Rumänen, die dabei im Durchschnitt liegen (5,1 %). Menschen aus Polen liegen mit 6,3 % und 6,4 % etwas über diesem Durchschnitt, sind aber auch häufiger sozialversicherungspflichtig beschäftigt (32,5 %).

Berücksichtigt man das Geschlechterverhältnis, wird klar, dass Frauen häufiger als Männer in geringfügig entlohnten Arbeitsverhältnissen beschäftigt sind. Nach Staatsangehörigkeiten sind jedoch Unterschiede zu erkennen (siehe Abbildung 19 und Tabelle 8).

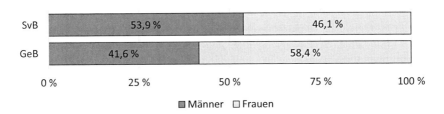

Abbildung 19: Geschlechterverhältnisse der EU-ausländischen SvB und GeB in Berlin
Stichtag 30.06.2015 (Eigene Darstellung nach Bundesagentur für Arbeit) © Minor

Tabelle 8: Geschlechterverhältnisse der SvB und GeB in Berlin nach Staatsangehörigkeit
Stichtag 30.06.2015 (Eigene Darstellung nach Bundesagentur für Arbeit) © Minor

Staatsangehörigkeit	SvB		GeB	
	Männer	Frauen	Männer	Frauen
Frankreich	52,1 %	47,9 %	45,1 %	54,9 %
Griechenland	59,3 %	40,7 %	50,2 %	49,8 %
Italien	62,0 %	38,0 %	54,8 %	45,2 %
Spanien	52,2 %	47,8 %	47,0 %	53,0 %
Vereinigtes Königreich	63,4 %	36,6 %	54,9 %	45,1 %
Polen	47,4 %	52,6 %	29,1 %	70,9 %
Bulgarien	57,4 %	42,6 %	42,9 %	57,1 %
Rumänien	62,4 %	37,6 %	60,1 %	39,9 %

4.3.2. Beschäftigte und Arbeitslose

Grundlage für die folgende Analyse der Arbeitslosenstatistik ist die Definition der Arbeitslosigkeit nach der Bundesagentur für Arbeit, welche sich am Text des dritten Sozialgesetzbuches orientiert:

> „Die Arbeitslosigkeit ist im Sozialgesetzbuch (SGB) definiert. Dort heißt es im § 16 Absatz 1 SGB III: Arbeitslose sind Personen, die wie beim Anspruch auf Arbeitslosengeld (1.) vorübergehend nicht in einem Beschäftigungsverhältnis stehen, (2.) eine versicherungspflichtige Beschäftigung suchen und dabei den Vermittlungsbemühungen der Agentur für Arbeit zur Verfügung stehen und (3.) sich bei der Agentur für Arbeit arbeitslos gemeldet haben" (Bundesagentur für Arbeit 2016b).

Die Quote der Arbeitslosen, die hier berechnet wurde, entspricht aber nicht der „Arbeitslosenquote", die in den Statistiken der Bundesagentur für Arbeit erscheint. Bei der Berechnung des Anteils der Arbeitslosen, der im Folgenden angegeben wird, wurden alle Personen über 15 Jahre berücksichtigt. Die Arbeitslosenquote wird in Deutschland dagegen bezogen auf die abhängigen zivilen Erwerbspersonen errechnet. Den Zähler bildet dabei die Zahl der Arbeitslosen. „Der Nenner enthält nur die abhängigen zivilen Erwerbstätigen, d. h. die Summe aus sozialversicherungspflichtig Beschäftigten (einschließlich Auszubildende), geringfügig Beschäftigten, Personen in Arbeitsgelegenheiten (Mehraufwandvariante), Beamten (ohne Soldaten) und Grenzpendlern" (Bundesagentur für Arbeit 2016c). Die offizielle Arbeitslosenquote ist demzufolge höher als die hier dargestellte Quote der Arbeitslosen an der Bevölkerung über 15 Jahren.

Die Beschäftigungsquote wird von der Bundesagentur für Arbeit an der gesamten Bevölkerung im erwerbsfähigen Alter (zwischen 15 und 65 Jahren) berechnet. In den hier berechneten Quoten werden jedoch auch Personen berücksichtigt, die über 65 Jahre alt sind und einer sozialversicherungspflichtigen oder geringfügigen Beschäftigung nachgehen.

Nach Staatsangehörigkeiten lassen sich klare Unterschiede erkennen. Die geringeren Beschäftigungsquoten bei den Menschen aus Frankreich und Großbritannien (etwa 30 %) werden hier durch eine geringere Quote an Arbeitslosen (etwa 3,5 %) ergänzt. Mehr als 66 % von ihnen sind somit weder sozialversicherungspflichtig oder geringfügig beschäftigt noch arbeitslos.

Bei den in Berlin lebenden Menschen aus Polen wird die vergleichsweise hohe Beschäftigungsquote hingegen durch eine höhere Quote an Arbeitslosen (8,7 %) ergänzt. Somit sind die Polinnen und Polen mit fast 48 % die Community, die am stärksten am Arbeitsmarkt beteiligt ist – entweder aktiv als Beschäftigte oder passiv als Arbeitssuchende.

Die höchste Quote an Arbeitslosen findet sich mit 9,7 % bei den Bulgarinnen und Bulgaren. Von ihnen sind 55,7 % und bei den Rumäninnen und Rumänen sind 61,2 % der Personen im erwerbsfähigen Alter weder aktiv noch passiv am Arbeitsmarkt beteiligt.

Laut der Bundesagentur für Arbeit können Menschen, die weder einer sozialversicherungspflichtigen oder einer geringfügigen Beschäftigung nachgehen noch arbeitslos sind, „z. B. Schüler und Studenten, Frauen und Männer, die sich der Erziehung ihrer Kinder widmen, sowie Rentner und Pensionäre" sein (Bundesagentur für Arbeit 2016b). Auch Selbstständige und Freiberufler und Freiberuflerinnen gehören dazu.

4.4. Fazit

Zusammengefasst lässt sich festhalten, dass die Hauptstadt ein besonderer beruflicher Anziehungspunkt für junge Europäerinnen und Europäer ist. Viele von ihnen sind in der Informations- und Kommunikationsbranche beschäftigt, sie arbeiten aber auch viel häufiger als der Durchschnitt im Gastgewerbe. Je nach Staatsangehörigkeit gestaltet sich die Situation auf dem Berliner Arbeitsmarkt unterschiedlich. Bei einer Auswertung der Daten nach Geschlecht wird z. B. ersichtlich, dass unter den Menschen, die aus Polen zugewandert sind, besonders viele Frauen einer Erwerbstätigkeit nachgehen. Ferner lässt sich u. a. feststellen, dass Menschen aus Frankreich und dem Vereinigten Königreich zwar am seltensten arbeitslos gemeldet sind, dafür aber auch die niedrigsten Beschäftigungsquoten aufweisen.

5. Verteilung der EU-ausländischen Bevölkerung Berlins auf die Bezirke

Maëlle Dubois, Judy Korn, Marianne Kraußlach, Stephanie Sperling

In diesem Kapitel werden die räumliche Verteilung der nach Berlin zugezogenen ausländischen Europäerinnen und Europäer auf die Berliner Bezirke und ihre Entwicklung betrachtet. Dabei werden in einem ersten Teil die Zusammensetzung und Entwicklung der gesamten EU-ausländischen Bevölkerung Berlins betrachtet. Hierauf folgt ein genauerer Blick auf die Wohnbezirke der ausländischen Europäerinnen und Europäer in Berlin, die räumliche Verteilung der Communities sowie die Entwicklung in den einzelnen Bezirken.

5.1. Gesamtbild der EU-ausländischen Bevölkerung in Berlin

Berlin ist eine multikulturelle Stadt: Jede sechste Person, die in der Hauptstadt gemeldet ist, besitzt keinen deutschen Pass. Knapp 40 % der in Berlin lebenden Ausländerinnen und Ausländer besitzt die Staatsangehörigkeit eines Mitgliedstaats der Europäischen Union (EU). Fast drei Viertel dieser EU-ausländischen Bevölkerung kommen aus acht Mitgliedstaaten: Polen, Bulgarien, Italien, Frankreich, Rumänien, Vereinigtes Königreich, Spanien, Griechenland (siehe Abbildung 20).

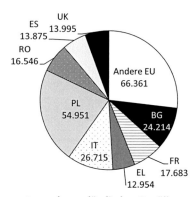

Abbildung 20: Zusammensetzung der ausländischen Bevölkerung Berlins
Anzahl der in Berlin gemeldeten Ausländerinnen und Ausländer nach Staatsangehörigkeit zum 31.12.2015 (Eigene Darstellung nach Amt für Statistik Berlin Brandenburg) © Minor

Diese waren laut Zuwanderungsstatistik für 2015 ebenfalls die Hauptherkunftsländer von Migrantinnen und Migranten aus dem EU-Binnenmarkt nach Berlin (siehe Tabelle 9). Mehr als 70 % der seit 2010 zugewanderten EU-Ausländerinnen und -Ausländer kommen aus diesen acht Ländern.

Tabelle 9: Hauptherkunftsländer der EU-Neuzugewanderten in 2015
Migrationssaldo 2014 für Berlin nach Staatsangehörigkeit (Eigene Darstellung nach Amt für Statistik Berlin Brandenburg) © Minor

Rang	Staatsangehörigkeit	Zuzüge	Fortzüge	Saldo
1	Polen	6.504	4.963	1.741
2	Bulgarien	5.459	3.288	2.196
3	Rumänien	5.122	3.129	2.037
4	Italien	3.721	2.685	1.635
5	Frankreich	2.153	2.303	39
6	Spanien	1.845	1.980	64
7	Vereinigtes Königreich	1.782	1.481	589
8	Griechenland	1.216	752	607
9	Kroatien	1.161	543	629
10	Ungarn	933	563	403
11	Österreich	882	803	151
12	Niederlande	783	647	175
13	Portugal	615	371	314
14	Schweden	604	678	-107
15	Dänemark	488	600	-132
16	Lettland	446	484	-20
17	Litauen	429	308	144
18	Tschechische Republik	366	287	258
19	Finnland	350	327	35
20	Irland	333	275	138
21	Belgien	281	275	52
22	Slowakei	233	180	62
23	Slowenien	204	147	76
24	Estland	99	60	51
25	Luxemburg	70	51	108
26	Zypern	48	23	64
27	Malta	23	6	20

Seit 2010 hat die Zuwanderung europäischer Bürgerinnen und Bürger deutlich zugenommen. In fünf Jahren ist die Zahl der in Berlin lebenden EU-Ausländerinnen und -Ausländer um 100.000, und somit auf knapp 250.000 Menschen gestiegen. Demgegenüber hat die Zahl der Ausländerinnen und Ausländer aus Drittstaaten bis 2010 abgenommen. Seitdem steigt sie jedoch wieder und vor allem im letzten Jahr war ein rapider Zuwachs zu verzeichnen.

Seit 2008 sind alle acht Communities deutlich gewachsen. Insbesondere aus Bulgarien und Rumänien kommen immer mehr Menschen nach Berlin: Im Jahr 2015 lebten 13 % mehr Bulgarinnen und Bulgaren und 20 % mehr Rumäninnen und Rumänen als im Jahr zuvor in der Hauptstadt. Im Vergleich zu 2008 hat sich die bulgarische Community verdreifacht und die rumänische Community sogar vervierfacht.

Zwischen 2010 und 2014 fand eine erhöhte Zuwanderung von Menschen aus Italien und Spanien nach Berlin statt. Im Jahr 2014 wohnten in Berlin 59 % mehr Italienerinnen und Italiener und 79 % mehr Spanierinnen und Spanier als vier Jahre zuvor. In den letzten beiden Jahren hat die Zuwanderung aus beiden Ländern jedoch an Intensität verloren. Im Jahr 2015 lebten in Berlin nur 0,8 % mehr Menschen aus Spanien als im Jahr davor. Im selben Jahr kehrten deutlich mehr italienische und spanische Staatsangehörige zurück in ihr jeweiliges Herkunftsland als in den Jahren zuvor (Italien: 2.685 Fortzüge in 2015, 1.518 in 2013; Spanien: 1.980 Fortzüge in 2015, 1.313 in 2013). Ende des Jahres 2015 waren die britischen Staatsangehörigen stärker in Berlin vertreten als die spanischen. Allerdings bleiben die Italienerinnen und Italiener beim Saldo die viertstärkste Einwanderungsgruppe aus der EU.

Bemerkenswert ist, dass sich seit dem EU-Beitritt Kroatiens 2013 immer mehr Menschen aus diesem Land auf den Weg nach Berlin machen (1.1611 Zuzüge in 2015, 1.108 in 2014, 665 in 2013). Die Kroaten und Kroatinnen bildeten in 2015 mit 11.851 Personen die neuntgrößte EU-ausländische Community in Berlin.

5.2. Wohnorte der EU-Staatsangehörigen in Berlin

Im Vergleich zu den deutschen Staatsangehörigen wohnen die in Berlin lebenden EU-Ausländerinnen und -Ausländer stärker konzentriert in bestimmten Bezirken. In den Bezirken Mitte, Friedrichshain-Kreuzberg, Charlottenburg-Wilmersdorf und Neukölln wohnen insgesamt 55 % der EU-ausländischen Wahlberlinerinnen und Wahlberliner – bei den deutschen Staatsbürgerinnen und –bürgern beläuft sich dieser Anteil auf 32 %.

Die Polinnen und Polen bilden in jedem Bezirk die größte europäische Community. Ausnahmen sind Friedrichshain-Kreuzberg, wo die Menschen mit italienischer, französischer und spanischer Staatsangehörigkeit die drei größten Communities darstellen, und Pankow, wo ebenfalls die Italienerinnen und Italiener vorne liegen.

5.2.1. Verteilung der Communities

Bisher haben wir die Zusammensetzung der EU-ausländischen Bevölkerung in den Bezirken und Stadtteilen berücksichtigt. Um noch genauer zu sehen, wo die Hauptwohngebiete der jeweiligen Communities liegen, haben wir deren Anteil an der gesamten Bevölkerung in den Berliner Planungsräumen in Karten dargestellt.[8] Die Planungsräume sind die kleinste Ebene der von der Senatsverwaltung für Stadtentwicklung angewandten Raumhierarchie „Lebensweltlich orientierte Räume" (LOR), die als Instrument der Stadt- und Sozialplanung herangezogen wird (Berliner Senatsverwaltung für Stadtentwicklung 2016).

Nach der LOR-Raumhierarchie wird Berlin in 60 Prognoseräume, 138 Bezirksregionen und 477 Planungsräume unterteilt. Sowohl die Größe als auch die Einwohneranzahl und daher die Bevölkerungsdichte dieser Planungsräume können aber extrem variieren. Dies ist bei der Interpretation der folgenden Darstellungen zu berücksichtigen. Mitunter können bestimmte Communities in einzelnen Planungsräumen deutlich über- oder unterrepräsentiert werden, ohne dass dies für die allgemeine Verteilung der EU-Ausländerinnen und -Ausländer aussagekräftig ist.

Bei der Verteilung der Deutschen und der Ausländerinnen und Ausländer auf die Berliner Planungsräume ist die ehemalige Mauergrenze noch sehr klar zu sehen. Während die überwältigende Mehrheit der Bevölkerung in den östlichen, außenstädtischen Bezirken die deutsche Staatsangehörigkeit besitzt, sind die Menschen ohne deutschen Pass im westlichen Teil der Stadt und hauptsächlich in der Innenstadt deutlich überrepräsentiert.

6,85 % der Berliner Bevölkerung haben die Staatsangehörigkeit eines anderen Landes der EU. Im Vergleich zur gesamten ausländischen Bevölkerung sind die

---

[8] Alle Karten wurden mit der OpenSource-Software OpenStreetMap® erstellt.

EU-Bürgerinnen und -Bürger stärker auf das Stadtzentrum konzentriert und weniger in den östlichen außenstädtischen Stadtteilen, wie Lichtenberg oder Marzahn vertreten.

Insgesamt machen die **Bulgarinnen und Bulgaren** 0,67 % der Berliner Bevölkerung aus. Im Vergleich zu der gesamten EU-ausländischen Bevölkerung sind sie in der Innenstadt (außer in Kreuzberg) eher unterrepräsentiert. Am stärksten sind die aus Bulgarien zugewanderten Personen im Wedding und in Reinickendorf, in Neukölln, in Spandau und in Lichtenberg vertreten (siehe Abbildung 21). In den drei Weddinger Planungsräumen Leopold Platz, Soldiner Straße und Reinickendorfer Straße, die ineinander übergehen, beträgt der Prozentanteil der aus Bulgarien stammenden Bevölkerung im Durchschnitt 3,9 %.

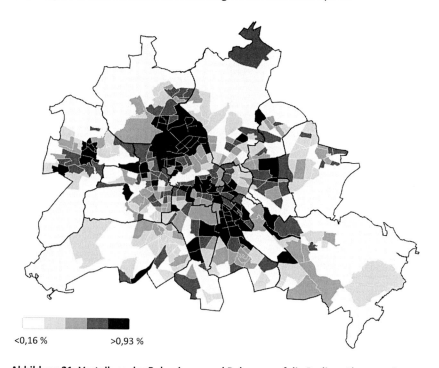

Abbildung 21: Verteilung der Bulgarinnen und Bulgaren auf die Berliner Planungsräume
Anteil der in Berlin gemeldeten Menschen mit bulgarischer Staatsangehörigkeit an der gesamten Bevölkerung nach Planungsraum zum 31.12.2015 (Eigene Darstellung nach Amt für Statistik Berlin Brandenburg) © Minor

Die **Französinnen und Franzosen** stellen 0,49 % der Bevölkerung in der Hauptstadt. Sie konzentrieren sich in der Innenstadt, insbesondere im Prenzlauer Berg, in Mitte, in Charlottenburg, in Kreuzberg und im nördlichen Teil von Neukölln (siehe Abbildung 22). In fünf Planungsräumen an der Grenze von Mitte und Prenzlauer Berg (Oranienburger Straße, Invalidenstraße, Arkonaplatz, Falkplatz und Teutoburger Platz) kommt 1,96 % der Bevölkerung aus Frankreich. In der östlichen Außenstadt sind sie deutlich unterrepräsentiert. In dem westlichen Teil besiedeln sie auch die Bezirke Reinickendorf und Steglitz-Zehlendorf.

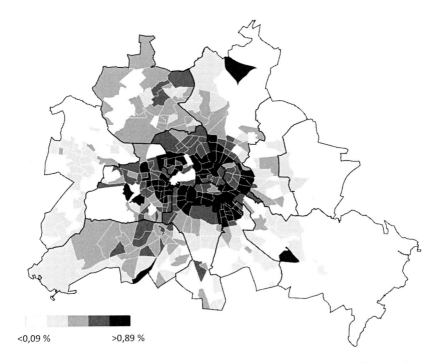

<0,09 %   >0,89 %

Abbildung 22: Verteilung der Französinnen und Franzosen auf die Berliner Planungsräume
Anteil der in Berlin gemeldeten Menschen mit französischer Staatsangehörigkeit an der gesamten Bevölkerung nach Planungsraum zum 31.12.2015 (Eigene Darstellung nach Amt für Statistik Berlin Brandenburg) © Minor

Verteilung der EU-ausländischen Bevölkerung Berlins auf die Bezirke

Griechinnen und Griechen, die 0,36 % der Berliner Bevölkerung repräsentieren, zieht es vornehmlich in den südwestlichen Teil der Stadt (siehe Abbildung 23). Sie sind in Kreuzberg, Schöneberg, Tiergarten und Charlottenburg deutlich überrepräsentiert. Etwas weiter nördlich im Wedding gibt es auch eine große griechische Community: In den Planungsräumen Reinickendorfer Straße, Leopoldplatz, Soldiner Straße, Westliche Müllerstraße und Sparrplatz beträgt ihr Anteil an der gesamten Bevölkerung 1,2 %. Im Vergleich zu der gesamten EU-ausländischen Bevölkerung sind sie in der östlichen Innenstadt (Mitte, Prenzlauer Berg, Friedrichshain) eher unterrepräsentiert.

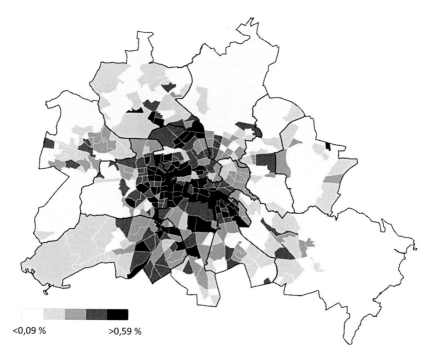

Abbildung 23: Verteilung der Griechinnen und Griechen auf die Berliner Planungsräume
Anteil der in Berlin gemeldeten Menschen mit griechischer Staatsangehörigkeit an der gesamten Bevölkerung nach Planungsraum zum 31.12.2015 (Eigene Darstellung nach Amt für Statistik Berlin Brandenburg) © Minor

Gestaltung der europäischen Arbeitsmigration – Analysen, Strategien und Praxismethoden

Mit 0,74 % der Bevölkerung bilden die **italienischen Staatsangehörigen** die zweitgrößte EU-ausländische Community in Berlin. Wie die Französinnen und Franzosen konzentrieren sie sich deutlich in der Innenstadt (siehe Abbildung 24). Prenzlauer Berg, Kreuzberg, Neukölln, Charlottenburg und der östliche Teil von Friedrichshain sind bei ihnen sehr beliebt. In den vier Planungsräumen Wrangelkiez, Reichenberger Straße, Reuterkiez und Donaustraße zwischen Kreuzberg und Nord-Neukölln kommen im Durchschnitt 2,27 % der Bevölkerung aus Italien.

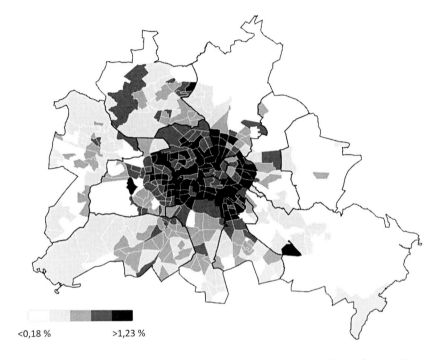

Abbildung 24: Verteilung der Italienerinnen und Italiener auf die Berliner Planungsräume
Anteil der in Berlin gemeldeten Menschen mit italienischer Staatsangehörigkeit an der gesamten Bevölkerung nach Planungsraum zum 31.12.2015 (Eigene Darstellung nach Amt für Statistik Berlin Brandenburg) © Minor

Die **Polinnen und Polen** machen 1,52 % der Berliner Bevölkerung aus und sind damit die größte EU-ausländische Community in Berlin. Sie konzentrieren sich hauptsächlich im Nordwesten Berlins. Der Wedding, Reinickendorf und der nördliche Teil von Charlottenburg sowie Spandau sind von Menschen aus Polen dicht besiedelt (siehe Abbildung 25). In den Planungsräumen Jungfernheide und Park Ruhwald in Charlottenburg an der Grenze mit Spandau und Reinickendorf kommen durchschnittlich 5 % der Bevölkerung aus Polen. Im Vergleich zu der gesamten EU-ausländischen Bevölkerung sind sie in der Innenstadt deutlich unterrepräsentiert. Bemerkenswert ist, dass sie sich gleichmäßiger als die anderen Communities verteilen.

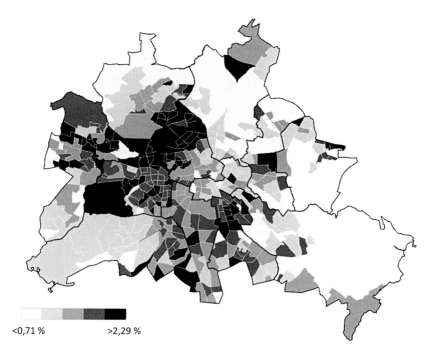

Abbildung 25: Verteilung der Polinnen und Polen auf die Berliner Planungsräume
Anteil der in Berlin gemeldeten Menschen mit polnischer Staatsangehörigkeit an der gesamten Bevölkerung nach Planungsraum zum 31.12.2015 (Eigene Darstellung nach Amt für Statistik Berlin Brandenburg) © Minor

Die **Rumäninnen und die Rumänen** machen 0,46 % der Bevölkerung in Berlin aus. Wie die bulgarischen und polnischen Staatsangehörigen wohnen sie seltener als die anderen Communities in der Berliner Innenstadt. Im Vergleich zu den anderen osteuropäischen Communities sind sie stärker verstreut (siehe Abbildung 26). Ihre Hauptwohngebiete finden sich in Reinickendorf, Spandau, Neukölln und Lichtenberg. In dem Planungsraum Treptower Straße in Neukölln, an der Grenze zu Treptow, kommen 5,77 % der Bevölkerung aus Rumänien. In den Planungsräumen Herzbergstraße und Rosenfelderring in Lichtenberg stellt die Community jeweils 2,81 % der Gesamtbevölkerung.

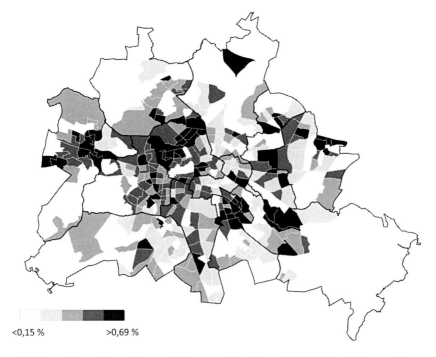

Abbildung 26: Verteilung der Rumäninnen und Rumänen auf die Berliner Planungsräume
Anteil der in Berlin gemeldeten Menschen mit rumänischer Staatsangehörigkeit an der gesamten Bevölkerung nach Planungsraum zum 31.12.2015 (Eigene Darstellung nach Amt für Statistik Berlin Brandenburg) © Minor

Der Anteil der **Spanierinnen und Spanier** an der Gesamtbevölkerung Berlins liegt bei 0,38 %. Sie wohnen noch häufiger als die Menschen aus Frankreich und Italien in der Innenstadt, in geringerem Maße auch in Steglitz-Zehlendorf (siehe Abbildung 27). In den Planungsräumen Wriezener Bahnhof/Entwicklungsgebiet, Stralauer Kiez und Boxhagener Platz in Friedrichshain, machen sie 2,14 %; 1,24 % bzw. 1,45 % der Bevölkerung aus. Sie sind aber auch in Lichtenberg stärker präsent als die anderen zwei Communities.

<0,08 %   >0,69 %

Abbildung 27: Verteilung der Spanierinnen und Spanier auf die Berliner Planungsräume
Anteil der in Berlin gemeldeten Menschen mit spanischer Staatsangehörigkeit an der gesamten Bevölkerung nach Planungsraum zum 31.12.2015 (Eigene Darstellung nach Amt für Statistik Berlin Brandenburg) © Minor

Der Anteil der **Britinnen und Briten** an der Gesamtbevölkerung Berlins beträgt 0,39 %. Sie sind im Osten der Stadt noch seltener vertreten als die west- und südeuropäischen Communities. Sie konzentrieren sich deutlich in den westlichen Bezirken und weniger als die französischen, italienischen und spanischen Staatsangehörigen in der Innenstadt (siehe Abbildung 28). In den zwei Planungsräumen Oranienburger Straße und Arkonaplatz in Mitte ist der Anteil der Bevölkerung aus dem Vereinigten Königreich mit 1,92 % und 1,64 % bspw. sehr groß.

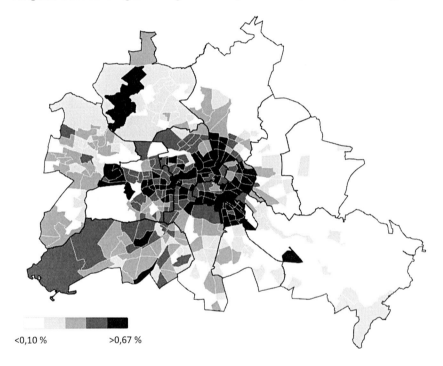

Abbildung 28: Verteilung der Britinnen und Briten auf die Berliner Planungsräume
Anteil der in Berlin gemeldeten Menschen mit britischer Staatsangehörigkeit an der gesamten Bevölkerung nach Planungsraum zum 31.12.2015 (Eigene Darstellung nach Amt für Statistik Berlin Brandenburg) © Minor

Verteilung der EU-ausländischen Bevölkerung Berlins auf die Bezirke

5.2.2. Entwicklung in den Bezirken

Nachdem bisher der Bestand an EU-ausländischen Bürgerinnen und Bürgern in Berlin betrachtet wurde, wird im Folgenden die Entwicklung der Communities in den verschiedenen Stadtteilen im Zeitraum 2008-2015 untersucht. In den Bezirken verteilen sich die EU-Ausländerinnen und -Ausländer nach bestimmten Mustern. Die Menschen aus west- und südeuropäischen Ländern (insbesondere die italienische, französische und britische Community) sind hauptsächlich in die innenstädtischen Viertel gezogen, während die Zahl der Menschen aus (süd-)osteuropäischen Ländern in den außenstädtischen Stadtteilen rasant gewachsen ist. Exemplarisch hierfür ist der Bezirk Mitte, in welchem der Unterschied zwischen dem innenstädtischen Stadtteil Mitte und dem außenstädtischen Wedding sehr deutlich ist (siehe Abbildung 29 und Abbildung 30).

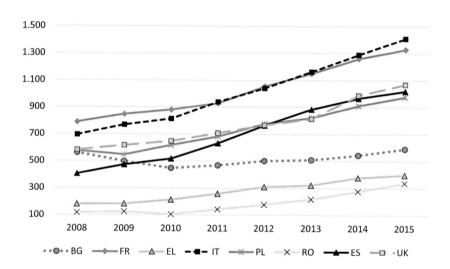

Abbildung 29: Entwicklung der EU-ausländischen Bevölkerung in Mitte
Anzahl der im Stadtteil Mitte gemeldeten EU-Ausländerinnen und -Ausländer nach Staatsangehörigkeit 2008 bis 2015, Stichtag jeweils 31.12 (Eigene Darstellung nach Amt für Statistik Berlin Brandenburg) © Minor

Gestaltung der europäischen Arbeitsmigration – Analysen, Strategien und Praxismethoden

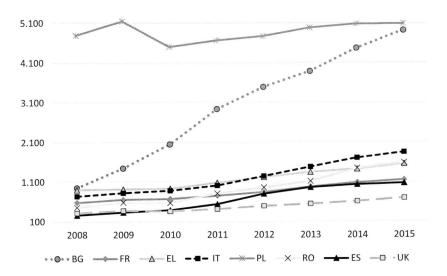

Abbildung 30: Entwicklung der EU-ausländischen Bevölkerung im Wedding
Anzahl der im Stadtteil Wedding gemeldeten EU-Ausländerinnen und -Ausländer nach Staatsangehörigkeit 2008 bis 2015, Stichtag jeweils 30.12. (Eigene Darstellung nach Amt für Statistik Berlin Brandenburg) © Minor

In den innenstädtischen Stadtteilen sind vor allem die west- und südeuropäischen Communities gewachsen. Dort sind insbesondere Menschen mit italienischer und französischer Staatsbürgerschaft zahlreicher als die mit polnischer Staatsangehörigkeit. In Friedrichshain-Kreuzberg hat seit 2007 eine starke Veränderung in Zusammensetzung der EU-ausländischen Bevölkerung stattgefunden: Während in diesem Bezirk mehr Polinnen und Polen weg- als zugezogen sind, hat die Anzahl der italienischen, französischen und spanischen Einwohnerinnen und Einwohner rapide zugenommen. Im Bezirk Pankow bilden die Italienerinnen und Italiener nun die größte Community. Diese ist nicht nur im Szenestadtteil Prenzlauer Berg, sondern auch in der ruhigeren Wohnlage Weißensee gewachsen.

In den Bezirken und Stadtteilen außerhalb des S-Bahn-Ringes ist hauptsächlich die osteuropäische Bevölkerung gewachsen. Dort leben überwiegend Polinnen und Polen. In den Bezirken Spandau und Marzahn-Hellersdorf sind die drei osteuropäischen Communities rapide gewachsen: Von 2007 bis 2014 hat sich beispielsweise die bulgarische und rumänische Bevölkerung in Spandau verzehnfacht. Die Bevölkerungszahlen von Menschen aus süd- und westeuropäischen

Mitgliedsstaaten nehmen in diesen Bezirken hingegen nur leicht zu (Italienerinnen und Italiener, Spanierinnen und Spanier), stagnieren (Griechinnen und Griechen) oder sinken sogar (Britinnen und Briten in Spandau, Französinnen und Franzosen in Marzahn-Hellersdorf).

Alle Communities zieht es in den aufstrebenden Bezirk Neukölln. In beiden Teilen des Bezirks ist die Anzahl der Menschen mit bulgarischer und rumänischer Staatsbürgerschaft stark gestiegen. Die westeuropäische Bevölkerung ist nur im innenstädtischen Teil Neuköllns gestiegen. Innerhalb des S-Bahn-Ringes ist seit 2008 die Präsenz der polnischen Community zurückgegangen. Demgegenüber hat sie in der Neuköllner Außenstadt zugenommen.

5.3. Fazit

Bei der Betrachtung der räumlichen Verteilung der EU-ausländischen Bevölkerung in Berlin zeigt sich, dass diese sich im Vergleich zu deutschen Staatsangehörigen stärker in bestimmten Bezirken konzentrieren. Aus unseren Darstellungen geht außerdem hervor, dass die acht am stärksten vertretenen Bevölkerungsgruppen sich nach bestimmten Mustern im Stadtgebiet verteilen. Besonders Menschen aus west- und südeuropäischen Ländern sind in die innenstädtischen Viertel gezogen, wohingegen die Menschen aus (süd-)osteuropäischen Ländern eher in den außenstädtischen Stadtteilen anzutreffen sind.

6. Empfehlungen für die Gestaltung von Community-Seminaren

Emilia Fabiańczyk, Cristina Faraco Blanco, Judy Korn, Christian Pfeffer-Hoffmann

Die Ergebnisse der 2014 und 2015 von Minor durchgeführten Befragungen neuzugewanderter Menschen aus Bulgarien, Frankreich, Italien, Polen, Rumänien und Spanien zeigen deutlich, dass auf Seiten der Neuzugewanderten Informationsbedarf zu allen Themen des Arbeitsmarktes besteht. Gleichzeitig sind ihnen institutionelle Beratungs- und Informationsangebote wenig bekannt. Neue Zugangsformen in Ergänzung des vorhandenen Angebotes sollten deshalb ausgebaut werden. Vor diesem Hintergrund hat Minor die Methode der Community-Seminare exemplarisch mit mehreren Communities erprobt. Nachfolgend werden die dabei gewonnenen Erkenntnisse bezüglich der Planung, Durchführung und Nachbereitung erfolgreicher Community-Seminare zusammengefasst.

6.1. Informations- und Beratungsbedarfe der EU-Bürgerinnen und EU-Bürger in Berlin

Berlin ist ein beliebtes Ziel vieler, insbesondere junger Menschen aus der EU, die in Berlin vor allem Bildung und Arbeit, aber auch ein interessantes Lebensumfeld suchen.

Im Rahmen des Projektes „Fachkräftesicherung durch Integration zuwandernder Fachkräfte aus dem EU-Binnenmarkt" wurde im Jahr 2015 eine umfangreiche Befragung bei in Berlin lebenden Menschen aus Bulgarien, Frankreich, Polen und Rumänien durchgeführt (Pfeffer-Hoffmann 2016). Ein Jahr zuvor wurden im Rahmen einer ähnlichen Untersuchung italienische und spanische Staatsangehörige befragt (Kraußlach et al. 2015). Es handelt sich dabei um die sechs häufigsten Herkunftsländer der seit 2010 nach Berlin zugewanderten EU-Ausländerinnen und -Ausländer (siehe Kapitel 0 in diesem Band). Die Befragungen zielten darauf ab, Einsichten über ihre Integration in den Arbeitsmarkt und in die Gesellschaft sowie die Rolle von Informations-, Beratungs- und Unterstützungsangeboten bei diesen Prozessen zu gewinnen.

Die Ergebnisse der empirischen Analysen haben gezeigt, dass diese neuzuwandernden europäischen Berlinerinnen und Berliner durchschnittlich über ein deutlich höheres Bildungsniveau und einen geringeren Altersdurchschnitt als die gesamte Berliner Bevölkerung verfügen. Sie kommen vorrangig mit dem Ziel, in Berlin eine Arbeit zu finden. Zusätzlich wirkt die Hauptstadt wegen des Rufes als kreative und vielfältige Stadt sowie der vergleichsweise geringen Lebenshaltungskosten anziehend. In Berlin leben viele ethnische Gruppen, daher ergibt sich für „Neuberlinerinnen und Neuberliner" häufig ein schneller Anschluss an die Netzwerke der eigenen Communities. Aus unseren Expertisen geht gleichzeitig aber auch hervor, dass viele Zugewanderte aufgrund von fehlenden Deutschkenntnissen und eines Mangels an arbeitsmarktbezogenen Netzwerken und Kontakten mit einer Reihe von Herausforderungen konfrontiert ist. Zudem verfügen sie selten über Kenntnis der bestehenden Informations- und Beratungsangebote. Alle diese Aspekte erschweren ihnen die Orientierung in Berlin und insbesondere auf dem Arbeitsmarkt. Dabei setzen viele der neu angekommenen Wahlberlinerinnen und Wahlberlinern bei der Suche nach Antworten auf ihre Fragen primär auf soziale Medien. Diese sozialen Netzwerke im Internet spielen zwar eine wichtige Rolle für die Selbsthilfe; jedoch finden sich dort oft unvollständige und teilweise unzuverlässige Informationen. Die fachkundigen Informations- und Beratungsinstitutionen, wie z. B. Migrationsberatungsstellen und Jugendmigrationsdienste, sind dort kaum aktiv. Teilweise versuchen Migrantenselbstorganisationen die Lücke zu füllen, verfügen aber nur über unzureichende Ressourcen.

Besonders oft nachgefragte Themen, zu denen Informations- und Beratungsangebote gebraucht werden, sind: Arbeitssuche (darunter auch das Verfassen von Bewerbungen), Kranken- und Sozialversicherung in Deutschland, Gehälter und Verträge, Sprachkurse, Selbstständigkeit sowie Fragen der Anerkennung von ausländischen Abschlüssen.

Es ist ersichtlich, dass Informations- und Beratungsangebote notwendig sind – hier leisten Beratungseinrichtungen bereits einen wichtigen Beitrag. Denn in Beratungseinrichtungen kann eine individuelle Betreuung vorgenommen werden. Diese ermöglicht, die Gesamtsituation einer Person besser zu erfassen und auf spezifische Bedürfnisse einzugehen. Viele der Fragen betreffen aber sehr große Teile der Neuzugewanderten gleichermaßen – dies bestätigen auch die Beratenden. Zu den oft nachgefragten Themen bzw. Themenbereichen bieten sich folglich auch andere Formen der Information und Beratung an, wie z. B. Gruppenberatungen und Informationsseminare. Neben der effizienten Informationsvermittlung haben diese zusätzlich den Vorteil, dass Teilnehmende sich persönlich begegnen, austauschen und vernetzen können. Im Vergleich zur selbständigen Informationssuche im Internet haben die Beratungs- und Informationsseminare zudem den Vorteil, dass Fragen an Expertinnen und Experten gerichtet werden können.

Auch in Bezug auf diese Gruppenformate haben Migrantenselbstorganisationen bereits in der Vergangenheit erste Angebote gemacht, so z. B. „La Red" mit spanischsprachigen Seminaren. Diese wurden in den Minor-Befragungen positiv bewertet und deshalb zur Weiterentwicklung empfohlen (Pfeffer-Hoffmann 2016: 357f.). Im Rahmen des Projektes „Fachkräftesicherung durch Integration zuwandernder Fachkräfte aus dem EU-Binnenmarkt" wurde deshalb von Minor im Jahresverlauf 2016 eine Reihe von Community-Seminaren für Neuzugewanderte aus Frankreich, Italien und Polen entwickelt, durchgeführt und ausgewertet.

Ein Beweis dafür, dass dieses Format für die Zielgruppe gut funktioniert, ist das Ergebnis der Umfrage, die im Rahmen dieser Erprobung durchgeführt wurde: 96 % der insgesamt 101 befragten Teilnehmerinnen und Teilnehmer an den exemplarischen Community-Seminaren geben an, dass sie mit dem Format des Seminars so zufrieden sind, dass sie es weitempfehlen würden.

Aus diesem Grund soll die nachfolgende Handreichung zukünftigen Veranstaltern von Community-Seminaren bei deren Planung, Durchführung und Nachbereitung als Ratgeber für eine erfolgreiche Organisation dienen.

6.2. Handreichung zur erfolgreichen Organisation von Community-Seminaren

6.2.1. Themen

Bei der Suche nach einem geeigneten Seminarthema sollte zunächst analysiert werden, wo die aktuellen Informationsbedarfe der gewählten Zielgruppe liegen. Als Informationsquelle dafür können Community-Blogs und Gruppen in sozialen Netzwerken dienen. Mittlerweile verfügt fast jede Community von Zugewanderten über eine bzw. mehrere eigene virtuelle Gruppe(n), z. B. auf Facebook. Oft werden diese als eine Plattform zum Austausch von Informationen genutzt, auf der sich zahlreiche Nutzerinnen und Nutzer gegenseitig in ihren jeweiligen Muttersprachen beraten und/oder beraten lassen. Eine Internet-Recherche über Fragen und Themen, zu denen die jeweilige Community besonders oft diskutiert oder worüber sie sich oft informiert, kann den Veranstaltern zeigen, zu welchen Themen es aktuell einen besonders großen Informationsbedarf gibt. Aufschlussreich kann auch ein Gespräch mit Beratenden aus Beratungsstellen und Migrantenorganisationen sein, die über einen regelmäßigen und direkten Kontakt zur Zielgruppe verfügen. Im nächsten Schritt sollte die gewählte Thematik so konkret wie möglich bestimmt werden und möglichst zielführend auf die Bedarfe der Teilnehmerinnen und Teilnehmer eingehen. Die Veranstalter sollten sich im Vorfeld überlegen, welches Ziel sie mit dem Seminar verfolgen. Hierzu müssen sie sich folgende Fragen stellen: Welches Thema soll im Rahmen des Seminars bearbeitet werden? Welche sind die drängendsten Fragen der Zielgruppe zu diesem Thema? Welche Fragen sollen im Rahmen des Seminars beantwortet werden?

Dabei kann das Seminar sowohl einen breiten Themenbereich umfassen und den Teilnehmerinnen und Teilnehmern als eine Einführung in ein bestimmtes Feld dienen (z. B. „Informationen zur Freiberuflichkeit in Deutschland"), oder sich auf einen bestimmten Aspekt beziehen und sehr konkrete Informationen dazu liefern (z. B. „Wie erstelle ich einen angemessenen Lebenslauf?").

Von der Entscheidung für ein bestimmtes Thema und den bestimmten Lernzielen hängt auch ab, welche Methoden während des Seminars zum Einsatz kommen sollten. Bei deren Auswahl sollte die Anzahl der Teilnehmenden berücksichtigt werden, damit das Erreichen der festgelegten Lernziele möglich bleibt. Die Festlegung der angestrebten Anzahl an Teilnehmenden sollte sich danach richten, ob es beim konzipierten Seminar wichtig ist, dass alle Anwesenden zu Wort kommen und ob sie ihre Kompetenzen während des Seminars praktisch anwenden oder ausbauen sollen (z. B. mithilfe von Übungen, zu denen die Referentinnen und Referenten ggf. eine Rückmeldung geben müssen).

Ratsam ist zudem, im Vorfeld des Seminars zu überlegen, wie viele Informationen im Rahmen eines Seminars an die Teilnehmenden weitergegeben werden sollen. Werden zu viele Inhalte vermittelt, besteht die Gefahr, dass die Teilnehmerinnen und Teilnehmer mit der Informationsmenge überfordert sind und frustriert aus der Veranstaltung gehen. Wichtiger als die Darstellung möglichst vieler Inhalte ist deswegen, dass die Teilnehmenden an den behandelten Gegenstand herangeführt werden und verstehen, was wesentliche zu beachtende Faktoren sind und ggf. erfahren, worüber sie sich noch informieren können und wo sie weitere Informationen herbekommen.

6.2.2. Referentinnen und Referenten

Sobald die Thematik des geplanten Beratungsseminars feststeht, beginnt die Auswahl der Referierenden. Idealerweise werden Community-Seminare in der Herkunftssprache angeboten, sodass keinerlei sprachliche Barrieren für das Verständnis des präsentierten Inhalts bestehen. Im besten Fall sollen sich die Referentinnen und Referenten auf einem muttersprachlichen Niveau in der Herkunftssprache der jeweiligen Community ausdrücken können bzw. aus dem jeweiligen Herkunftsland kommen. Letzteres hat den Vorteil, dass die Person selbst einen Migrationsprozess erlebt hat und deswegen oftmals noch besser nachvollziehen kann, vor welchen Herausforderungen die Teilnehmenden stehen. Jedoch ist das Beherrschen der Herkunftssprache nicht das wichtigste Kriterium bei der Auswahl der Vortragenden. Von ausschlaggebender Bedeutung ist die Expertise, die für das Seminar benötigt wird.

In dem Fall, dass die referierende Person nicht der Herkunftssprache der Zielgruppe mächtig ist, sollte eine Verdolmetschung organisiert werden. Hier ist abzuwägen, ob diese konsekutiv oder simultan geschehen soll. Bei der Entscheidung für eine konsekutive Verdolmetschung ist zu beachten, dass das Seminar durch die Übertragung in eine andere Sprache doppelt so lange dauern kann und im Vorfeld eine entsprechende Planung nötig ist. Die Referierenden sollten noch in der Planungsphase über die geplante Verdolmetschung informiert werden, sodass sie sich entsprechend vorbereiten können. Sie sollten den Hinweis erhalten, dass sie ihre Vorträge beispielsweise kürzen und diesen so gestalten sollten, dass eine Verdolmetschung gut gelingen kann (Redepausen, Sprechtempo, Deutlichkeit). Zudem ist es ratsam, sie zu bitten, bereits im Vorfeld Materialien (z. B. eine Powerpoint-Präsentation) zur Verfügung zu stellen, die der Dolmetscherin oder dem Dolmetscher zur Vorbereitung dienen können.

Vor dem Beginn des Seminars sollten auch alle Formalitäten geklärt sein: Werden die Referierenden für ihre Leistung bezahlt oder ist ihr Beitrag Teil ihrer regulären Arbeitsaufgaben? Falls sie ein Honorar für den Auftrag bekommen, sollte vorher ein entsprechender Vertrag vereinbart werden.

Neben den Sprachkenntnissen und der Expertise im zu behandelnden Thema gibt es ein drittes wichtiges Kriterium bei der Auswahl der Referierenden: ihre Vermittlungs- und Kommunikationskompetenzen. Der Umgang der Sprechenden mit der Zielgruppe sollte durch Respekt und Empathie gekennzeichnet sein und sich an der Situation der Neuzugewanderten orientieren.

6.2.3. Teilnehmerinnen und Teilnehmer

Die Anzahl der Menschen, die zur Teilnahme an einem Seminar zugelassen werden können, sollten vom Konzept und von den für das Seminar ausgewählten Methoden abhängig gemacht werden. Sollte sich das Seminar mit einem sehr allgemeinen Themenbereich auseinandersetzen und den Teilnehmenden als Überblicksveranstaltung dienen, kann es für eine größere Anzahl von Personen ausgeschrieben werden. Falls aber das Seminar den Anwesenden eine Möglichkeit geben soll, ihre individuellen Fälle zu behandeln (beispielsweise im Zuge einer Vorstellung ihrer Projekte zur Unternehmensgründung bzw. ihrer Bewerbungsunterlagen oder wenn sie Übungen durchführen und ein Feedback erhalten sollen) ist es ratsam, das Seminar in einer kleineren Runde von maximal 15 Personen stattfinden zu lassen.

Ein allen Veranstaltern bekanntes Problem ist das Nicht-Erscheinen von Personen trotz vorheriger Anmeldung. Es ist ratsam, von Anfang an Strategien zu entwickeln, um das Leerbleiben von eingeplanten Seminarplätzen zu vermeiden. Nach den bisherigen Erfahrungswerten ist anzunehmen, dass ca. 5 bis 10 % der angemeldeten Personen nicht zur Veranstaltung kommen. Daher sollten generell ein paar Personen mehr zur Teilnahme an dem Angebot zugelassen werden als geplant. Gleichzeitig sollte es eine Warteliste geben, die im Fall von Absagen zur Einladung weiterer Personen genutzt werden kann.

Auch wenn die Teilnahme an einem Beratungsangebot kostenlos ist und es dadurch schwieriger ist, Verbindlichkeit zu erreichen, kann durch gute Kommunikation mit den Interessierten bzw. mit den für das Seminar angemeldeten Personen eine gewisse Verbindlichkeit hergestellt werden. Erinnerungen an die Veranstaltung und eine Bitte um Rückmeldung im Falle des Verzichts auf die Seminarteilnahme sind die einfachsten und effektivsten Methoden der Reaktivierung.

6.2.4. Akquise von Teilnehmenden und Kommunikation

Sowohl das Thema als auch die Referierenden stehen bereits fest? Nun gilt es, die potenziellen Teilnehmerinnen und Teilnehmer über das geplante Vorhaben zu informieren und mit ihnen bis zum Tag der Veranstaltung in Kontakt zu bleiben. Bei der Ausschreibung des Seminars sollte beachtet werden, dass das Thema möglichst konkret vermittelt wird. Neben einem aussagekräftigen und möglichst kurzen Titel sollte die Ausschreibung auch eine kurze Beschreibung der zu erwartenden Inhalte umfassen. Was genau kann ich während des Seminars erfahren? Zu welchen Themen wird gesprochen? Wer sind die Referierenden? An welche Teilnehmenden in welcher Lebenssituation richtet es sich? Die genaue Darstellung des Seminarthemas soll den Teilnehmenden möglichst realistische Erwartungen an das Seminar vermitteln, da die (Nicht-)Erfüllung von Erwartungen einen wichtigen Faktor für das Ausmaß der Zufriedenheit mit dem Angebot darstellt.

Die Methoden zur Akquise von Teilnehmerinnen und Teilnehmern sollten bei der Seminarausschreibung in Hinblick auf das Profil der Zielgruppe geplant werden. Hilfreich ist, systematisch kreative Ideen der Akquise zu entwickeln und sie spielerisch zu kombinieren. Drucken die meisten Veranstalter ihre Flyer im Format einer Postkarte? Vielleicht lohnt es sich dann, einen in Form eines Lesezeichens zu entwerfen?

Es empfiehlt sich, gleichzeitig mehrere Akquise-Wege zu nutzen und sich im Vorfeld zu informieren, wo und wie die Zielgruppe am besten zu erreichen ist. Wichtig ist hierbei, sich ein Netzwerk an Kontakten aufzubauen und es kontinuierlich zu erweitern. Multiplikatoren, wie z. B. communityspezifische Organisationen und Medien, Migrationsberatungsstellen, Sprachschulen sowie weitere Kooperationspartner, die über einen direkten Kontakt zu der Zielgruppe verfügen, sollten von Anfang an aktiv in die Werbung für ein Informations- und Beratungsangebot einbezogen werden.

Der Rückgriff auf Webseiten und Social Media gehört inzwischen fast immer zu einer effektiven Ansprache von potenziellen Teilnehmenden. Verfügt der Veranstalter über einen eigenen Verteiler bzw. eine Datenbank an Personen, die zur Zielgruppe des Projektes gehören, kann die Seminarausschreibung direkt an sie verschickt werden.

Eine Seminarausschreibung sollte immer einen Hinweis darauf beinhalten, ob eine Anmeldung erforderlich ist und ggf. auf welchem Wege diese zu erfolgen hat. Wird eine Anmeldung (z. B. per E-Mail) erwünscht, sollte eine Rückmeldung mit einer Teilnahmebestätigung vom Veranstalter versandt werden.

Darüber hinaus ist es wichtig, sicherzugehen, dass die Interessentinnen und Interessenten genau wissen, wann und wo das Seminar stattfindet. Bereits zwei Wochen vor dem geplanten Seminartermin sollten ihnen alle Informationen zu Veranstaltungsort, Inhalt und Ablauf der Veranstaltung zur Verfügung gestellt werden. Empfehlenswert ist es zudem, ein paar Tage vor dem Veranstaltungstag eine kurze Erinnerungsmail an die Angemeldeten zu senden. Diese sollte noch einmal auf den genauen Termin und Veranstaltungsort hinweisen sowie eine genaue Wegbeschreibung und eventuelle Anbindung an öffentliche Verkehrsmittel bzw. Parkmöglichkeiten erläutern. Dies ist auch der richtige Moment, um eine kurze Rückmeldung zu erbitten, falls die Angemeldeten doch nicht an dem Angebot teilnehmen können, damit noch Interessierte von der Warteliste zur Teilnahme zugelassen werden können.

6.2.5. Materialien

Zur Vorbereitung auf das Seminar sollte sich der Veranstalter im Vorfeld überlegen, welche Materialien die Teilnehmenden bekommen, damit sie ihr Wissen zum Seminarthema vertiefen können. Dafür ist zu empfehlen, Broschüren, Informationsmaterialien und Ansichtsexemplare relevanter Literatur zu recherchieren und sie ggf. in der Vorbereitungsphase in einer entsprechenden Menge zu bestellen. Zu diesem Zwecke kann es auch hilfreich sein, bei den eingeladenen Referierenden nachzufragen. Oft verfügen sie über interessante Materialien zu ihrem Themenbereich und können sie direkt mitbringen. Zudem sollte in Erwägung gezogen werden, ob die zur Verfügung stehenden finanziellen Mittel es ermöglichen, den Teilnehmenden Infomappen mit ausgedruckten, gekürzten Seminarinhalten bzw. einer ausgedruckten Powerpoint-Präsentation zu überreichen. Diese kann den Anwesenden während des Seminars als gute Grundlage für Notizen dienen.

Auch technische Hilfsmaterialien, wie Beamer, Leinwand, Laptop und ggf. Mikrofone, sollten im Vorfeld einer Veranstaltung eingerichtet und ihre Funktionstüchtigkeit überprüft werden.

6.2.6. Ablauf und Nachbereitung

An der Organisation eines Seminars sollten möglichst mehrere Mitarbeiterinnen und Mitarbeiter beteiligt sein, sodass die Aufgaben auf mehrere Personen verteilt werden können. Empfehlenswert ist es z. B., im Vorfeld zu bestimmen, wer den Empfang übernehmen kann und wer als Ansprechperson für Referentinnen und Referenten zur Verfügung steht. Bei größeren Seminaren sind Namensschilder hilfreich, damit die Anwesenden problemlos eine Ansprechperson seitens des Veranstaltungsteams erkennen und finden können. Um einen reibungslosen und stressfreien Ablauf der Veranstaltung zu ermöglichen, sollte der Seminarraum bereits rechtzeitig früher bestuhlt und technisch ausgestattet werden. Wird viel Interaktion der Teilnehmenden erwartet, eignet sich ein Stuhlkreis ideal; benötigen die Anwesenden ausreichend Arbeitsplatz, eignet sich eine parlamentarische Bestuhlung oder eine Bestuhlungsvariante in U-Form mit Tischen besser.

Ratsam ist zudem, die Sprecherinnen und Sprecher darum zu bitten, etwas früher beim Seminar zu erscheinen, sodass die letzten Einzelheiten vor Ort abgesprochen werden können. Falls der Veranstalter eine Unterschriftenliste benötigt, werden die Teilnehmenden während der Registrierung um eine Unterschrift gebeten. Dabei sollte, falls notwendig, bereits mit der Teilnehmerliste die Erlaubnis für Bild- und Tonaufnahmen oder die Verarbeitung personenbezogener Daten eingeholt werden.

Eine wichtige Rolle für erfolgreiche Seminare spielt die Moderation. Zu den Aufgaben des Moderators oder der Moderatorin gehört zwischen Eröffnung und Abschluss der Veranstaltung die Bestimmung von Zielen, Rollen und ggf. auch Erwartungen und Wünschen; Aktivierung der Teilnehmenden zur Diskussion zu

Fragen; Zeitmanagement; Konfliktvermeidung bzw. Vermittlung, falls es zu Konflikten kommen sollte; Zusammenfassung der Resultate sowie Darstellung der Folgeaktivitäten.

Für eine selbstkritische Auswertung des durchgeführten Seminars sowie für zukünftige Arbeit ist es von Vorteil, im Vorfeld der Veranstaltung einen Evaluationsbogen vorzubereiten und diesen am Seminarende an die Teilnehmenden zu verteilen. Dafür sollte entsprechend Zeit vorgesehen sowie die Anwesenden schon am Anfang hingewiesen werden. In dem Evaluationsfragebogen sollte es neben Fragen zur didaktischen und inhaltlichen Qualität auch Fragen zum Ablauf und den Rahmenbedingungen (Ort, Raum, Zeit) geben.

6.3. Beispiel eines Seminars für EU-Bürgerinnen und EU-Bürger

Im Folgenden wird exemplarisch ein Seminar für in Berlin lebende EU-Bürgerinnen und -Bürger aus Polen, Frankreich und Italien beschrieben, dessen methodisch-didaktisches Konzept sich in der Informations- und Beratungsarbeit von Minor mit europäischen Communities mehrfach bewährt hat. Selbstverständlich gibt es daneben auch viele andere, gut funktionierende Gruppenmethoden der Information und Beratung von Migrantinnen und Migranten. Die hier folgende, kurze und praxisbezogene Darstellung der gelungenen Seminarreihe „Arbeiten in Berlin" soll andere Informations- und Beratungsakteuren zur Konzipierung eigener Seminare anregen.

Als Lernziel des hier dargestellten Beispiels wird die Steigerung der Kompetenzen bei der Arbeitsplatzsuche festgelegt. Neben den Erkenntnissen aus der eigenen Befragung von Neuzugewanderten wird zur Vorbereitung des Seminarthemas „Arbeiten in Berlin" auch eine Internet-Recherche sowie die Befragung von Beratenden aus Migrationsberatungsstellen genutzt. Auf Grund des sehr breiten Themenbereichs wird in diesem Falle eine Überblicksveranstaltung angeboten. Damit die Teilnehmenden dennoch nicht mit einer zu großen Informationsmenge überfordert werden, konzentrieren sich die Lerninhalte der Seminare im Kern auf zwei bestimmte Teilthemen: „Charakteristika des Berliner Arbeitsmarktes" sowie „Regelangebote der Arbeitsagenturen und der Jobcenter für Arbeitssuchende". Bei den Seminaren für die italienischen und die französischen Staatsangehörigen werden außerdem ergänzend die Themen „Empfehlungen für die Arbeitssuche" bzw. „Rechte der Arbeitnehmerinnen und Arbeitnehmer in

Empfehlungen für die Gestaltung von Community-Seminaren

Deutschland" ausgewählt, die den Bedarfen der jeweiligen Communities entsprechen.

Die geplanten Lerninhalte beziehen sich auf themenspezifische Aspekte der Arbeit in Berlin. Als Referierende werden kompetente und pädagogisch erfahrene Mitarbeiterinnen und Mitarbeiter der Berliner Wirtschaftsförderung „Berlin Partner" und der Agentur für Arbeit Berlin Mitte gewonnen. Hinzu kommen zu einzelnen Terminen Vertreterinnen der Beratungsorganisation „Kobra" und des „Beratungsbüros für entsandte Beschäftigte" des DGB für die communityspezifischen Themen. Da es sich größtenteils um Expertinnen eines spezifischen Themas handelt, die über keine bzw. kaum Sprachkenntnisse in der Heimatsprache der Zielgruppen verfügen, werden für die Durchführung der Seminare in den jeweiligen Sprachen erfahrene Konsekutivdolmetscherinnen bzw. -dolmetscher beauftragt. 95 % der befragten Teilnehmerinnen und Teilnehmer gaben an, dass es für sie wichtig war, dass das Seminar in ihrer Muttersprache erfolgte (siehe Abbildung 31).

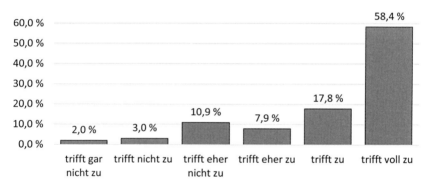

Abbildung 31: „Es war wichtig, dass die Veranstaltung in meiner Muttersprache stattfand"
Skala von 1 (trifft nicht zu) bis 6 (trifft voll zu), n=101 © Minor

Die Uhrzeiten des Seminars werden zielgruppenorientiert bestimmt. Da viele Personen tagsüber Sprachkurse besuchen oder arbeiten, fand es spätnachmittags/abends, von 17 bis 20 Uhr statt. 95 % der Befragten fanden es wichtig, dass das Seminar zu dieser Uhrzeit stattfand (siehe Abbildung 32).

Gestaltung der europäischen Arbeitsmigration – Analysen, Strategien und Praxismethoden

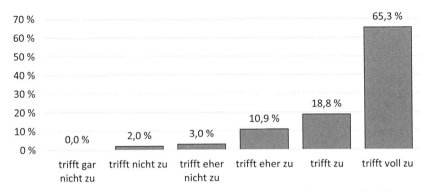

Abbildung 32: „Es war wichtig, dass das Seminar am späten Nachmittag stattfand"
Skala von 1 (trifft nicht zu) bis 6 (trifft voll zu), n=101 © Minor

Das Seminar erfolgt in Form von zwei ca. 45-minütigen oder drei ca. 30-minütigen Referaten mit anschließenden Frage- und Diskussionsrunden zu jedem der dargestellten Themenbereiche. Eine Teilnehmendenzahl von 30 bis 40 Personen erlaubt es, die Anwesenden in eine aktive Diskussion mit einzubeziehen und ihre individuellen Fragen zu beantworten. Probleme, die am häufigsten aufkommen, beziehen sich besonders oft auf nachgefragte Berufe und Kompetenzen auf dem Berliner Arbeitsmarkt, konkrete Hinweise bzgl. der Arbeitssuche, Zugang zur Krankenversicherung, Kompetenzen und Unterstützungsmöglichkeiten von Jobcentern und Arbeitsagenturen sowie Kündigungsregelungen. In der Pause sowie nach dem abgeschlossenen Seminar findet eine informelle Kennenlern-, Austausch- und Vernetzungsrunde mit Teilnehmenden und Referierenden statt.

Die Ausschreibung des Seminars erfolgte in den Herkunftssprachen der Zielgruppen und umfasst folgende Informationen:

- Titel und Untertitel: „Arbeiten in Berlin. Ein kostenloses Seminar für Neuzugewanderte aus Polen / Frankreich / Italien"

- Hinweis auf konsekutive Verdolmetschung in die Herkunftssprache der Zielgruppe

- Kurzbeschreibungen der Referentinnen und Angabe der von ihnen vertretenen Organisationen

- Rahmenbedingungen (Termin, Ort, Dauer, max. Teilnehmenden-Anzahl)

- Bitte um eine zeitige Anmeldung per E-Mail
- Kurze Beschreibung der veranstaltenden Organisation und Förderer

Als Hauptmethoden für die Teilnehmenden-Akquise werden genutzt: soziale Medien (vor allem Facebook); Webseiten; Verteiler des Veranstalters, der Kooperationspartner und der Multiplikatoren, zu denen vor allem communityspezifische Organisationen und Medien gehören, sowie auch Informationsmaterial in Printform, z. B. als Lesezeichen-Flyer (siehe Abbildung 33).

Abbildung 33: Flyer im Lesezeichenformat für die Bewerbung der Community-Seminare
Italienische, französische und polnische Version, 2016 © Minor

Die Teilnehmenden bekommen vor Ort Informationsmappen, die Broschüren und Informationsmaterialien der vertretenen Organisationen (Agentur für Arbeit Berlin Mitte, Berlin Partner, Kobra, Beratungsbüro für entsandte Beschäftigte) beinhalten, sowie ausgedruckte Powerpoint-Präsentationen der Sprecherinnen mit Platz für eigene Notizen. Am Ende des Seminars werden an die Teilnehmenden zweiseitige Auswertungsbögen verteilt. Diese beinhalten offene und geschlossene Fragen, die sich auf die allgemeine Zufriedenheit mit den Rahmenbedingungen, mit den präsentierten Inhalten und der Organisation des Seminars, aber auch auf die Ermittlung des weiteren Informationsbedarfs der Anwesenden beziehen. Weiterhin werden die Teilnehmenden gebeten, Angaben zu Alter und Geschlecht zu machen, um statistisch das Profil der Teilnehmenden erfassen zu können. Auch erfragt werden kann an dieser Stelle, ob Einladungen zu weiteren Informations- bzw. Beratungsangeboten zukünftig erwünscht sind.

Abbildung 34: Seminar für die italienische Community
Vortrag der Agentur für Arbeit Berlin-Mitte am 12.05.2016 © Minor

6.4. Fazit

Die Erprobung der Community-Seminare zeigt, dass sich diese sehr gut als Antwort auf den bestehenden Informations- und Beratungsbedarf der neu nach Berlin zugewanderten Europäerinnen und Europäer eignen. Als Gruppenmethode, die inhaltlich über die einfache Information im Internet hinausgeht, aber mit geringerem Aufwand als die individuelle Beratung einhergeht, ergänzt sie diese beiden bisherigen Hauptwege der Information und Beratung für Neueingewanderte. Community-Seminare mit Expertinnen und Experten bieten die Möglichkeit, einer breiten Gruppe verlässliche Informationen zu vermitteln und gleichzeitig auch auf individuelle Fragen einzugehen. Voraussetzung für eine erfolgreiche Durchführung sind eine intensive Vorbereitung und Planung, gute Referentinnen und Referenten, die Nutzung der Herkunftssprache sowie eine begleitende Kommunikation mit den Teilnehmenden zur Vor- und Nachbereitung von wesentlicher Bedeutung.

Verzeichnis der Autorinnen und Autoren

Christian Pfeffer-Hoffmann

Vorstandsvorsitzender von Minor – Projektkontor für Bildung und Forschung e.V. Verantwortlich für Konzeption und Leitung des Projektes „Fachkräftesicherung durch Integration zuwandernder Fachkräfte aus dem EU-Binnenmarkt". Leiter der Fachstelle Einwanderung im Netzwerk IQ, die neben dem Wissenschaft-Praxis-Dialog zu Themen der Neueinwanderung auch die Qualitätssicherung in MobiPro-EU und die Verknüpfung mit dem ESF-Teilprogramm „Integration von Asylbewerbern und Flüchtlingen" verantwortet. Promovierter Medienpädagoge mit zahlreichen Publikationen sowie vielfältigen Modell- und Forschungsprojekten in den Kontexten Migration, berufliche, politische und Medienbildung, Fachkräftesicherung u. a.

Maëlle Dubois

hat Politikwissenschaft an der Universität Paris-I Sorbonne studiert. Sie arbeitete u. a. in der Abteilung für Sozialpolitik der französischen Botschaft in Deutschland als Referentin für das Thema Migration und Integration. Bei Minor beschäftigt sie sich mit quantitativer Forschung, u. a. im Projekt „Fachkräftesicherung durch Integration zuwandernder Fachkräfte aus dem EU-Binnenmarkt" sowie in der Fachstelle Einwanderung.

Emilia Fabiańczyk

studierte Germanistik an der Stettiner Universität sowie an der Ernst-Moritz-Arndt-Universität in Greifswald. Ihre Berufserfahrung sammelte sie im Bereich der internationalen Bildungsarbeit. Seit 2014 ist sie zertifizierte interkulturelle Gruppenleiterin. Bei Minor beschäftigt sie sich mit der Arbeitsmarktintegration europäischer Zuwandererinnen und Zuwanderer.

Cristina Faraco Blanco

arbeitet als wissenschaftliche Mitarbeiterin bei Minor, u. a. in der Fachstelle Einwanderung. Sie studierte Politikwissenschaften in Madrid und wirkte seitdem für verschiedene Institute in vielen Forschungs- und Modellprojekten mit. Sie ist

Vorsitzende der Migrantenselbstorganisation La Red – Vernetzung und Integration e.V.

Judy Korn

ist Mitgründerin und Geschäftsführerin von Violence Prevention Network und hat dort die Methode der „Verantwortungspädagogik" in der Auseinandersetzung mit Fremdenfeindlichkeit und Gewalt mitentwickelt. Als Erziehungswissenschaftlerin arbeitet sie bundesweit und transnational in den Feldern Deradikalisierung, Prävention, interkultureller und interreligiöser Dialog.

Marianne Kraußlach

absolvierte den Masterstudiengang „Bildungswissenschaft – Organisation und Beratung" an der Technischen Universität Berlin. Für Minor beschäftigte sie sich bereits in verschiedenen Forschungsprojekten mit dem Thema Fachkräftesicherung durch die Integration sozial Benachteiligter bzw. ausländischer Fachkräfte.

Miguel Montero Lange

ist Diplom-Soziologe. Er studierte an der Freien Universität Berlin. Außerdem erlangte er einen Mastertitel in „European Administration Management" an der Fachhochschule für Verwaltung und Rechtspflege in Berlin und in „Leitung und Verwaltung in Sozialen Diensten" an der Universidad de Alcalá de Henares. Er veröffentlichte Fachartikel zu den Themen Familienpolitik, Pflege, Migration und europäische Sozialpolitik.

Stephanie Sperling

studierte Public Administration (mit dem Schwerpunkt European Studies) an der Universität Münster. Derzeit beschäftigt sie sich im Zuge ihres Masters der Internationalen Migration und Interkulturellen Beziehungen an der Universität Osnabrück und ihrer Tätigkeit bei Minor vorwiegend mit EU-Binnenmigration und verschiedenen Themen der Arbeitsmarktintegration von Migrantinnen und Migranten.

Literaturverzeichnis

Absenger, N. / Blank, F., 2015: Die Grenzen von Freizügigkeit und Solidarität – Der Ausschluss von EU-Bürgern aus der Grundsicherung für Arbeitssuchende. WSI Mitteilungen 5/2015: 355-364.

Agentur der Europäischen Union für Grundrechte (FRA), 2015a: Severe labour exploitation: Workers moving within or into the European Union. Wien: Agentur der Europäischen Union für Grundrechte.
http://fra.europa.eu/sites/default/files/fra-2015-severe-labour-exploitation_en.pdf (08.08.2016).

Agentur der Europäischen Union für Grundrechte (FRA), 2015b: Schwere Formen der Arbeitsausbeutung: Arbeitskräfte aus der EU oder Drittstaaten – Zusammenfassung. Wien: Agentur der Europäischen Union für Grundrechte.
http://fra.europa.eu/sites/default/files/fra_uploads/fra-2016-severe-labour-exploitation-summary_de_0.pdf (08.08.2016).

Ajuntament de Barcelona, 2014: Mayoral forum on mobility, migration and development. Key ideas.
http://www.bcn.cat/novaciutadania/pdf/ca/home/MF-Obert.en.pdf (05.08.2016).

Alexander, M., 2003a: Host-stranger relations in Rome, Tel Aviv, Paris and Amsterdam: A comparison of local policies toward migrants. Doktorarbeit. Amsterdam: University of Amsterdam.

Alexander, M., 2003b: Local policies toward migrants as an expression of host-stranger relations: A proposed typology. Journal of Ethnic and Migration Studies 29(3): 411-430.

Alexander, M., 2004: Comparing local policies toward migrants: An analytical framework, a typology and preliminary survey result. S. 57-85 in R. Penninx/ K. Kraal / M. Martinello / S. Vertovec (Hrsg.), Citizenship in European Cities. Immigrants. Local politics and integration policies. Aldershot: Ashgate.

Alexander, M., 2007: Cities and labour immigration: Comparing policy responses in Amsterdam, Paris, Rome and Tel Aviv. Aldershot: Ashgate.

Altreiter, C. / Fibich, T. / Flecker, J., 2015: Capital and labour on the move: Dynamics of double transnational mobility. S. 67-87 in J. Drahokoupil, The out-

sourcing challenge. Organizing workers across fragmented production networks. Brüssel: European Trade Union Institute.
http://www.etui.org/content/download/20790/174261/file/Chapter+3+Capital+and+labour+on+the+move.pdf (10.08.2016).

Ambrosini, M., 2013: "We are against a multi-ethnic society": Policies of exclusion at the urban level in Italy. Ethnic and Racial Studies 36(1): 136-155.

Andor, L., 2015: Fair Mobility in Europe. London: Social Europe.

Angenendt, S. / Bither, J. / Ziebarth, A., 2015: Creating a Triple-Win through labor migration policy? Lessons from Germany. Migration Strategy Group on Global Competitiveness.
http://www.bosch-stiftung.de/content/language1/downloads/MSG_Report_labor_migration_Germany-Angenendt_Bither_Ziebarth_Jan2015.pdf (07.12.2016).

Arapoglou, V. P., 2012: Diversity, inequality and urban change. European Urban and Regional Studies 19(3): 223-237.

Arpaia, A. / Kiss, A. / Palvolgyi, B. / Turini, A., 2015: Labour mobility and labour market adjustment in the EU. IZA Policiy Paper No. 106. Bonn: Forschungsinstitut zur Zukunft der Arbeit.
http://ftp.iza.org/pp106.pdf (10.08.2016).

Auf dem Brinke, A. / Dittrich, P.-J., 2016: Fluch oder Segen: Was Arbeitskräftemobilität für den Euroraum bedeutet. Policy Paper 159. Berlin: Jaques Delors Institut.

Aumüller, J. / Daphi, P., / Biesenkamp, C., 2016: Die Aufnahme von Flüchtlingen in den Bundesländern und Kommunen. Behördliche Praxis und zivilgesellschaftliches Engagement. Stuttgart: Robert Bosch Stiftung.

Ausschuss der Regionen, 2016: Labour mobility and local and regional authorities: Benefits, challenges and solutions. Brüssel: Ausschuss der Regionen
http://cor.europa.eu/en/documentation/studies/Documents/Labour-mobility.pdf. (10.08.2016).

Bach, S., 2010: Managed migration? Nurse recruitment and the consequences of state policy. Industrial Relations Journal 41(3): 249-266.

Barnard, C. / Ludlow, A., 2016: Enforcement of employment rights by EU-8 migrant workers in employment tribunals. Industrial Law Journal 45(1): 1-28.

Barslund, M., 2015: Arbeitsmobilität in Europa: Ausgleich wirtschaftlicher Ungleichgewichte? Policy Brief 2015/4. Gütersloh: Bertelsmann Stiftung. http://www.bertelsmann-stiftung.de/filead-min/files/BSt/Publikationen/GrauePublikationen/Policy-Brief-Arbeitsmobilitaet-de_NW_04_2015_.pdf (10.08.2016).

Barslund, M. / Busse, M., 2016: Labour mobility in the EU. Addressing challenges and ensuring 'fair mobility'. CEPS Special Report 139. Brüssel: Centre for European Policy Studies. https://www.ceps.eu/system/files/SR139%20MB%20and%20MB%20LabourMobility.pdf (10.08.2016).

Barslund, M. / Busse, M. / Schwarzwälder, J., 2015: Labour mobility in Europe: An untapped resource? CEPS Policy Brief. Brüssel: Centre for European Policy Studies. https://www.ceps.eu/publications/labour-mobility-europe-untapped-resource (10.08.2016).

Benton, M. / Sumption, M. / Alsvik, K. / Fratzke, S. / Kuptsch, C. / Papdemetriou, D. G., 2014: Aiming higher. Policies to get immigrants into middle-skilled work in Europe. Genf: ILO.

Berli, O. / König, A., 2015: Migration und Stadt im Fokus der Chicago School of Sociology. Urbane Lebenswelten zwischen Segregation und Integration am Beispiel von Harvey W. Zorbaughs „The Gold Coast and the Slum". S. 61-76 in J. Reuter / P. Mecheril (Hrsg.), Schlüsselwerke der Migrationsforschung: Pionierstudien und Referenztheorien. Wiesbaden: Springer VS.

Berliner Senat, 2015: Berlin – eine Stadt mit Profil. http://www.sei.berlin.de/kampagne (16.07.2016).

Berliner Senatsverwaltung für Stadtentwicklung, 2016: Planung, Stadtwissen und Daten, Lebensweltlich orientierte Räume in Berlin. http://www.stadtentwicklung.berlin.de/planen/basisdaten_stadtentwicklung/lor/ (12.10.2016).

Bernhard, S., 2014: Arbeitnehmerfreizügigkeit und Diskriminierung auf dem deutschen Arbeitsmarkt – Europäische Politik, transnationaler Mobilitätsraum und nationales Feld. Berliner Journal für Soziologie 2: 169–199.

Berntsen, L., 2015: Stepping up to strike: A union mobilization case study of Polish migrant workers in the Netherlands. Transfer: European Review of Labour and Research 21(4): 399-412.

Berntsen, L. / Lillie, N., 2015: Hyper-mobile migrant workers and Dutch trade union representation strategies at the Eemshaven construction sites. Economic and Industrial Democracy 37(1): 171-187.

Bertelsmann Stiftung, 2013: Competing for talent: The global struggle for the world's most valuable resource. Trilogue Salzburg. August 29-30, 2013. Gütersloh: Bertelsmann Stiftung.

Bertelsmann Stiftung, 2015: Zuwanderungsbedarf aus Drittstaaten in Deutschland bis 2050. Szenarien für ein konstantes Erwerbspersonenpotenzial – unter Berücksichtigung der zukünftigen inländischen Erwerbsbeteiligung und der EU-Binnenmobilität. Gütersloh: Bertelsmann Stiftung.

Bertoli, S. / Brücker, H. / Fernández-Huertas Moraga, J., 2016: The European crisis and migration to Germany. Regional Studies and Urban Economics 60(9): 61-72.

Biletta, I., 2015: Mobilität und Migration von Arbeitskräften: Wie kann ein Gleichgewicht in Europa erzielt werden? Foundation Focus 18: 3-4. https://www.eurofound.europa.eu/de/publications/foundation-focus/2015/labour-market-social-policies/foundation-focus-workers-in-europe-mobility-and-migration (10.08.2016).

Blokland, T. / Hentschel, C. / Holm, A. / Lebuhn, H. / Margalit, T., 2015: Urban citizenship and right to the city: The fragmentation of claims. International Journal of Urban and Regional Research 39(4): 655-665.

Blommaert, J. / Martiniello, M., 1996: Ethnic mobilization, multiculturalism and the political process in two Belgian cities: Antwerpe and Liege. Innovation 9: 51-73.

Börang, F. / Cerna, L., 2016: Swedish labour immigration policy. The role of unions, employers and political parties. Working Paper 129. Oxford: Centre on Migration, Policy and Society. https://www.compas.ox.ac.uk/2015/swedish-labour-immigration-policy-the-role-of-unions-employers-and-political-parties/ (07.08.2016).

Buchan, J. / Wismar, M. / Glinos, I. A. / Bremner, J., 2014: Health Professional Mobility in a Changing Europe. New dynamics, mobile individuals and diverse responses. Volume II. Genf: World Health Organization.

Bundesagentur für Arbeit (BA), 2013a: Grundlagen, Methodische Hinweise zu sozialversicherungspflichtig und geringfügig Beschäftigten.

https://statistik.arbeitsagentur.de/nn_280848/Statischer-Content/Grundlagen/Methodische-Hinweise/BST-MethHinweise/SvB-und-GB-meth-Hinweise.html (10.10.2016).

Bundesagentur für Arbeit (BA), 2013b: Grundlagen, Methodische Hinweise zum Anforderungsniveau.
http://statistik.arbeitsagentur.de/nn_280842/Statischer-Content/Grundlagen/Methodische-Hinweise/AST-MethHinweise/Anforderungsniveau-Berufe.html (10.10.2016).

Bundesagentur für Arbeit / Servicio Público de Empleo Estatal, 2014: Kooperationsvereinbarung zwischen der Bundesagentur für Arbeit und der Spanischen Arbeitsverwaltung vom 29. September 2014.

Bundesagentur für Arbeit (BA), 2016a: Hintergrundinformation. Auswirkungen der Migration auf den deutschen Arbeitsmarkt. Nürnberg: Bundesagentur für Arbeit.
https://statistik.arbeitsagentur.de/Statischer-Content/Statistische-Analysen/Statistische-Sonderberichte/Generische-Publikationen/Auswirkungen-der-Migration-auf-den-Arbeitsmarkt.pdf (08.08.2016).

Bundesagentur für Arbeit (BA), 2016b: Grundlagen, Arbeitslosigkeit.
https://statistik.arbeitsagentur.de/Navigation/Statistik/Grundlagen/Arbeitslosigkeit-Unterbeschaeftigung/Arbeitslosigkeit-Nav.html (09.08.2016).

Bundesagentur für Arbeit (BA), 2016c: Grundlagen, Arbeitslosenquoten.
https://statistik.arbeitsagentur.de/Navigation/Statistik/Grundlagen/Berechnung-der-Arbeitslosenquote/Berechnung-der-Arbeitslosenquote-Nav.html (04.11.2016).

Bundesamt für Migration und Flüchtlinge (BAMF), 2016: Freizügigkeitsmonitoring: Migration von EU-Bürgern nach Deutschland Jahresbericht 2015.
http://www.bamf.de/SharedDocs/Anlagen/DE/Publikationen/Broschueren/freizuegigkeitsmonitoring-jahresbericht-2015.pdf;jsessionid=D9FB0B8C549A1BF8C284AC521C45EB75.1_cid286?__blob=publicationFile (18.08.2016).

Bundesministerium für Arbeit und Soziales (BMAS), 2014: Fortschrittsbericht 2013 zum Fachkräftekonzept der Bundesregierung. Berlin: Bundesministerium für Arbeit und Soziales. Berlin: Bundesministerium für Arbeit und Soziales.

Bundesministerium für Bildung und Forschung (BMBF), 2012: Vocational Education and Training in Europe – Perspectives for the Young Generation. Memorandum on Cooperation in Vocational Education and Training in Europe. Berlin, 10-11 December 2012 (unterzeichnet am 11.12.2012). https://www.jugendpolitikineuropa.de/downloads/4-20-3322/Memorandum_final.pdf (04.11.2016).

Bundesministerium für Verkehr, Bau und Stadtentwicklung (BMVBS), 2012: Stand der kommunalen Integrationspolitik in Deutschland. Berlin: Bundesministerium für Verkehr, Bau und Stadtentwicklung.

Burkert, C., 2015a: Licht und Schatten: Zuwanderungsmagnet deutscher Arbeitsmarkt. Neue Caritas. Migration und Integration – Info 1: 4-5. http://www.caritas.de/cms/contents/caritas.de/medien/dokumente/dcv-zentrale/migration/neue-caritas-info/ausgabe-1-2015-eu-mo/migrationsinfo_1_2015.pdf (09.08.2016).

Burkert, C., 2015b: EU-Migranten landen oft im Niedriglohnsektor. Mediendienst Integration (23.06.2015). https://mediendienst-integration.de/artikel/iab-untersuchung-migranten-sind-auf-dem-arbeitsmarkt-oefter-im-niedriglohnsektor-zu-finden.html (09.08.2016).

Çağlar, A., 2014: Urban Migration Trends, Challenges and Opportunities in Europe. Background paper. Genf: International Organization for Migration.

Cancedda, A. / Curtarelli, M. / Hoorens, S. / Viertelhauzen, T. / Hofman, J., 2015: Socio-economic inclusion of migrant EU workers in 4 cities. Straßburg: Europäische Kommission.

Cangiano, A., 2016: Net migration as a target for migration policies: A review and appraisal of the UK experience. International Migration 54(2): 18-33.

Caponio, T. / Borkert, M., (Hrsg.), 2010: The local dimension of migration policymaking. Amsterdam: Amsterdam University Press.

CEDEFOP, 2014: Valuing diversity: Guidance for labour market integration of migrants. Luxembourg: Publications Office of the European Union.

Chaloff, J., 2016: The Impact of EU Directives on the labour migration framework in EU countries. OECD Social, Employment and Migration Working Papers 180. Paris: Organisation for Economic Co-operation and Development.

Cities for Local Integration Policy (CLIP), 2008: Equality and diversity in jobs and services: City policies for migrants in Europe. Straßburg: Cities for Local Integration Policy.

Cochrane, A., 2006: Eurocommentary: Anglophoning home from Berlin: A response to Alan Latham. European Urban and Regional Studies 13: 371-376.

Collet, E., 2014: The City Brand. Champion of immigrant integration or empty marketing tool? Washington, D.C.: Migration Policy Institute.

Cremers, J., 2015: Economic freedoms and labour standards in the European Union. Transfer: European Review of Labour and Research 21(2): 149-162.

Dälken, M., 2016: Beratung für mobile Beschäftigte in Deutschland. Eine Bedarfsanalyse zu den gewerkschaftsnahen Beratungsstrukturen in Deutschland. Berlin: Projekt Faire Mobilität des DGB-Bundesvorstandes. http://www.faire-mobilitaet.de/ueber-uns/++co++c5d4488c-fb2b-11e5-8cf0-52540023ef1a (15.08.2016).

Danaj, S. / Sippola, M., 2015: Organizing posted workers in the construction sector. S. 217-236 in J. Drahokoupil, The outsourcing challenge. Organizing workers across fragmented production networks. Brüssel: European Trade Union Institute. http://www.etui.org/content/download/20797/174282/file/Chapter+10+Organizing+posted+workers+in+the+construction+sector.pdf (09.08.2016).

Dekker, R. / Emilsson, H. / Krieger, B. / Scholten, P., 2015: A local dimension of integration policies? A comparative study of Berlin, Malmö, and Rotterdam. International Migration Review 49(39): 633-658.

Deutscher Städte- und Gemeindebund (DStG), 2016: Integrationskonzept. Eckpunkte des Deutschen Städte- und Gemeindebundes. Berlin: Deutscher Städte- und Gemeindebund.

De Wispelaere, F. / Pacolet, J., 2016: An ad hoc statistical analysis on short term mobility – economic value of posting of workers. The impact of intra-EU cross-border services, with special attention to the construction sector. Leuven: KU Leuven. HIVA Research Institute for Work and Society. https://lirias.ku-leuven.be/bitstream/123456789/539523/1/The+economic+value+of+posting.pdf (07.08.2016).

Dierckx, D. / Van Dam, S., 2014: Redefining empowerment interventions of migrants experiencing poverty: The case of Antwerp, Belgium. British Journal of Social Work 44(Supl. 1): 105-122.

Dittrich, P.-J. / Spath, N., 2016: De-jure Freizügigkeit und de-facto Mobilität im EU-Binnenmarkt. Policy Paper 161. Berlin: Jaques Delors Institut.

Dumont, J.C. / Zurn, P., 2007: Immigrant Health Workers in OECD Countries in the Broader Context of Highly-skilled Migration. International Migration Outlook, Part III. Paris: OECD, 162-228.

Emilsson, H., 2014: Labour Migration in a Time of Crisis. Results of the New Demand-Driven Labour Migration System in Sweden. MIM Working Paper Series 14(1). Malmö: Malmö Institute for Studies of Migration, Diversity and Welfare (MIM).

Emilsson, H., 2016: Recruitment to occupations with a surplus of workers: The unexpected outcomes of Swedish demand-driven labour migration policy. International Migration 54(2): 5-15.

Eurobarometer 2011: Eurobarometer Spezial. „Der Europäische Bürgerbeauftragte". Brüssel: Eurostat.

Eurocities, 2016: Cities and migrants. Implementing the Integrating Cities Charter. Brüssel: Eurocities.
http://nws.eurocities.eu/MediaShell/media/ICC%20report%202015.pdf (09.08.2016).

Europäische Kommission, 2010a: Bericht der Kommission an das Europäische Parlament, den Rat, den Europäischen Wirtschafts- und Sozialausschuss und den Ausschuss der Regionen. Bericht über die Tätigkeit des EURES-Netzwerks im Zeitraum 2006-2008, vorgelegt von der Kommission gemäß Artikel 19 Absatz 3 der Verordnung (EWG) Nr. 1612/68 „Auf dem Weg zu einem integrierten europäischen Arbeitsmarkt: der Beitrag von EURES".

Europäische Kommission, 2010b: Mitteilung der Kommission an das Europäische Parlament, den Rat, den Europäischen Wirtschafts- und Sozialausschuss und den Ausschuss der Regionen KOM(2010) 682 endgültig vom 23.11.2010. Eine Agenda für neue Kompetenzen und neue Beschäftigungsmöglichkeiten: Europas Beitrag zur Vollbeschäftigung.

Europäische Kommission, 2012b: Vertrag über die Arbeitsweise der Europäischen Union (Konsolidierte Fassung). Amtsblatt der Europäischen Union C 326/47 vom 26.10.2012.

Europäische Kommission, 2013: Mitteilung der Kommission an das Europäische Parlament, den Rat, den Europäischen Wirtschafts- und Sozialausschuss und den Ausschuss der Regionen KOM(2013) 837 final vom 25.11.2013. Freizügigkeit der EU-Bürger und ihrer Familien: fünf grundlegende Maßnahmen.

Europäische Kommission, 2014: Vorschlag für eine VERORDNUNG DES EUROPÄISCHEN PARLAMENTS UND DES RATES über ein Europäisches Netz der Arbeitsvermittlungen, den Zugang von Arbeitskräften zu mobilitätsfördernden Diensten und die weitere Integration der Arbeitsmärkte.
http://www.cep.eu/cepAnalysen/COM_2014_6_EURES/Verordnung_COM_2014__6_EURES.pdf (06.11.2016).

Europäische Kommission, 2016a: Standard-Eurobarometer 85. Frühjahr 2016. Straßburg: Generaldirektion Kommunikation der Europäischen Kommission.
http://ec.europa.eu/COMMFrontOffice/PublicOpinion/index.cfm/ResultDoc/download/DocumentKy/74265 (01.08.2016).

Europäische Kommission, 2016c: Die Städteagenda für die EU: Die europäischen Städte erhalten Mitspracherecht bei der Politikgestaltung der EU. Pressemitteilung vom 30.05.2016.
http://europa.eu/rapid/press-release_IP-16-1924_de.htm (27.07.2016).

Europäische Kommission, 2016c: Working programme of the urban agenda for the EU.
http://ec.europa.eu/regional_policy/sources/policy/themes/urban-development/agenda/urban-agenda-working-programme.pdf (22.07.2016).

Europäische Kommission, 2016d: Europe: Urban Agenda partnership on migrant inclusion
https://ec.europa.eu/migrant-integration/news/eu-urban-agenda-partnership-on-migrant-inclusion (24.11.2016).

European Foundation for the Improvement of Living and Working Conditions (Eurofound), 2015a: Social dimension of intra-EU mobility: Impact on public services. Luxemburg: Europäische Kommission.
https://www.eurofound.europa.eu/sites/default/files/ef_publication/field_ef_document/ef1546en_3.pdf (01.08.2016).

European Foundation for the Improvement of Living and Working Conditions (Eurofound), 2015b: Die soziale Dimension der Mobilität innerhalb der EU: Auswirkungen auf die öffentlichen Dienstleistungen. Zusammenfassungen. Luxemburg: Europäische Kommission.
http://www.eurofound.europa.eu/sites/default/files/ef_publication/field_ef_document/ef1546de1.pdf (01.08.2016).

European Foundation for the Improvement of Living and Working Conditions (Eurofound), 2016a: Regulation of labour market intermediaries and the role of social partners in preventing trafficking of labour. Luxemburg: Europäische Kommission.

http://www.eurofound.europa.eu/sites/default/files/ef_publication/field_ef_document/ef1603en.pdf (01.08.2016).

European Foundation for the Improvement of Living and Working Conditions (Eurofound), 2016b: Portugal: High and rising emigration in a context of high, but decreasing, unemployment. Dublin: Eurofound.
http://www.eurofound.europa.eu/observatories/eurwork/articles/working-conditions-labour-market/portugal-high-and-rising-emigration-in-a-context-of-high-but-decreasing-unemployment (09.08.2016).

European Urban Knowlegde Network (EUKN), 2016: Handbook for urban governance of free movement in the EU. Den Haag: European Urban Knowlegde Network.

Faraco Blanco, C. / Kraußlach, M. / Montero Lange, M. / Pfeffer-Hoffmann, C., 2015: Die Auswirkungen der Wirtschaftskrise auf die innereuropäische Arbeitsmigration am Beispiel der neuen spanischen Migration nach Deutschland. Working Paper Forschungsförderung 15(2). Düsseldorf: Hans-Böckler-Stiftung.
http://www.boeckler.de/pdf/p_fofoe_WP_002_2015.pdf (01.08.2016).

Fauser, M., 2014: Co-developement as transnational governance: An analysis of the engagement of local authorities and migrant organisations in Madrid. Journal of Ethnic and Migration Studies 40(7): 1060-1078.

Finotelli, C., 2014: In the Name of Human Capital.The International Recruitment of Physicians in Germany and Spain. Comparative Migration Studies 2(4): 493-517.

Finotelli, C., 2012: The international recruitment of physicians and IT and engineering specialists in Germany and Spain: Actors, processes and challenges. Fieri working papers. Turin: Fieri.

Friberg, J. H. / Alsos, K. / Napierała, J. / Fiałkowska, K. / Stuvøy, I. / Andersen, S. K. / Joona, P. A. / Petersson, S. / Wadensjö, A. / Thorarins, F., 2013: Temporary staffing and the rise of a migration industry in the Nordic countries. S. 143-168 in J. H. Friberg / L. Eldring (Hrsg), Labour migrants from Central and Eastern Europe in the Nordic countries. Patterns of migration, working conditions and recruitment practices. Kopenhagen: Nordic Council of Ministers.

Galgóczi, B. / Leschke, J., 2015a: Intra-EU labour mobility: A key pillar of the EU architecture subject to challenge. International Journal of Public Administration 38(12): 860-873.

Galgóczi, B. / Leschke, J., 2015b: Free movement of labour in Europe: A solution for better labour allocation. Etui Working Paper 2016(06). Brüssel: European Trade Union Institute.
http://www.etui.org/content/download/20803/174328/file/15+WP+2015+06+Free+movement+of+labour+in+Europe+web.pdf (01.08.2016).

Gebhardt, D., 2014: Building inclusive cities. Challenges in the multilevel governance of immigrant integration in Europe. Washington: Migration Policy Institute.

Gebhardt, D., 2015: Cities and immigrant citizenship. A comparison of local citizenship policies in Barcelona and Munich. GRITIM Working Paper Series 26. Barcelona: GRITIM.

Geis, W. / Orth, A. K., 2016: Regionale Fachkräftesicherung durch Zuwanderung. Köln: Institut der deutschen Wirtschaft Köln.
https://www.iwkoeln.de/_storage/asset/274855/storage/master/file/9081093/download/IW-Report_2016-9-Fachkr%C3%A4ftezuwanderung-regional.pdf (09.08.2016).

Geis, W. / Nintcheu, J. M., 2016: Gesteuerte Zuwanderung in der Flüchtlingskrise. Warum Deutschland trotz des starken Zuzugs Fachkräfte aus Drittstaaten gewinnen sollte. Köln: Institut der deutschen Wirtschaft Köln.
http://www.iwkoeln.de/_storage/asset/268895/storage/master/file/8812389/download/IW-K%C3%B6ln_Policy-Paper_Gesteuerte-Zuwanderung-trotz-Fl%C3%BCchtlingskrise.pdf (09.08.2016).

Geis, W. / Nintcheu, J. M. / Vogel, S., 2016: Fachkräfte für Deutschland. Potenziale einer gesteuerten Zuwanderung. Köln: Institut der deutschen Wirtschaft Köln.
https://www.iwkoeln.de/_storage/asset/272763/storage/master/file/8973858/download/Fachkr%C3%A4fte_f%C3 %BCr_Deutschland-Potenziale_einer_gesteuerten_Zuwanderung-IW-Analyse-105.pdf (09.08.2016).

Generalitat de Catalunya / Landesregierung Baden-Württemberg, 2014: Kooperationsvereinbarung zwischen der Landesregierung Baden-Württemberg und der Regierung von Katalonien zur Förderung der Arbeitsmobilität (unterzeichnet am 29.05.2014).

Generalitat de la Comunitat Valenciana / Landesregierung Sachsen-Anhalt, 2012: Memorándum de Entendimiento entre la Generalitat de la Comunitat

Valenciana (Reino de España) y el Estado de Sajonia-Anhalt (República Federal de Alemania) (unterzeichnet am 28.11.2012).

Giguere, S., 2006: Integrating immigrants: Finding the right policy mix to tackle a governance problem. S. 21-30 in Organisation for Economic Co-operation and Development (OECD) (Hrsg.), From Immigration to Integration. Local Solutions to a Global Challenge. Paris: Organisation for Economic Co-operation and Development.

Danaj, S. / Sippola, M., 2015: Organizing posted workers in the construction sector. S. 217-236 in J. Drahokoupil 2015, The outsourcing challenge. Organizing workers across fragmented production networks. Brüssel: European Trade Union Institute.

Ginieniewicz, J., 2012: Argentine migrants to Spain and returnees: A case for accumulation of civic assets. International Migration 53(1): 148-170.

Glick-Schiller, N., 2012: A comparative relative perspective on the relationships between migrants and cities. Urban Geography 33(6): 879-902.

Glick-Schiller, N., 2015: Explanatory frameworks in transnational migration studies: the missing multi-scalar global perspective. Ethnic and Racial Studies 38(13): 2275-2282.

Glick-Schiller, N. / Çağlar, A., 2009: Towards a comparative theory of locality in migration studies: Migrant incorporation and city scale. Journal of Ethnic and Migration Studies 35(2): 177-202.

Glick-Schiller, N. / Çağlar, A., 2015: Displacement, emplacement, and migrant newcomers: Rethinking urban sociabilities within multiscalar power. https://www.academia.edu/9758013/Displacement_emplacement_and_migrant_newcomers_rethinking_urban_sociabilities_within_multiscalar_power (10.07.2016).

Glick-Schiller, N. / Çağlar, A. / Guldbransen, T. C., 2006: Beyond the ethnic lens: Locality, globality, and born again incorporation. American Ethnologist 33(4): 612-633.

Green, A., 2006: Routes into employment for refugees: A review of local approaches in London. S. 189-238 in Organisation for Economic Co-operation and Development (OECD) (Hrsg.), From Immigration to Integration. Local Solutions to a Global Challenge. Paris: Organisation for Economic Co-operation and Development.

Gutierrez, L. / Glenmaye, L. / Delois, K., 1995: The organizational context of empowerment practice: Implications for social-work administration. Social Work 40(2): 249-258.

Guzi, M. / Kahanec, M. / Kureková, L. M., 2015: What Explains Immigrant-Native Gaps in European Labor Markets: The Role of Institutions. IZA Discussion Paper 8847. Bonn: IZA.

Hadj-Abdou, L., 2014: Immigrant integration and the economic competitiveness agenda: A comparison of Dublin and Vienna. Journal of Ethnic and Migration Studies 40(12): 1875-1894.

Hardy, J., 2015: Explaining "varieties of solidarity": Labour mobility and trade unions in an enlarged Europe. Transfer: European Review of Labour and Research 21(2): 187-200.

Häusserman, H. / Colomb, C., 2003: The New Berlin: Marketing the city of dreams. S. 200-218 in L. Hoffmann / S. Fainstein / D. R. Judd (Hrsg.), Cities and visitors: Regulating people, markets and city space. Oxford: Blackwell Publishing Ltd.

Hoekstra, M., 2015: Diverse cities and good citizenship: How local governments in the Netherlands recast national integration discourse. Ethnic and Racial Studies 38(10): 1798-1814.

Hofmann, E. T. / Carboni, J. L. / Mitchneck, B. / Kuznetsov, 2016: Policy stream and immigration to Russia: Competing and complementary interests at the federal and local levels. International Migration 54(2): 34-49. http://onlinelibrary.wiley.com/doi/10.1111/imig.12227/abstract (09.08.2016).

Howell, C., 2005: Trade Unions and the State: The Construction of Industrial Relations Institutions in Britain, 1890–2000. Princeton: Princeton University Press.

Hung, C.-K. R., 2007: Immigrant nonprofit organizations in U.S. metropolitan area. Nonprofit and Voluntary Sector Quarterly 36: 707-720.

Institut für Arbeitsmarkt- und Berufsforschung (IAB), 2015: Mehr Chancen als Risiken durch Zuwanderung. Aktuelle Berichte 1/2015. Nürnberg: Institut für Arbeitsmarkt- und Berufsforschung.

Institut für Arbeitsmarkt- und Berufsforschung (IAB), 2016a: Auswirkungen des Brexit auf den deutschen Arbeitsmarkt. Aktuelle Berichte 14/2016. Nürnberg: Institut für Arbeitsmarkt- und Berufsforschung. http://doku.iab.de/aktuell/2016/aktueller_bericht_1614.pdf (02.08.2016).

Institut für Arbeitsmarkt- und Berufsforschung (IAB), 2016b: Brexit: Mögliche Folgen für die Arbeitnehmerfreizügigkeit und die Arbeitsmigration. Aktuelle Berichte 16/2016. Nürnberg: Institut für Arbeitsmarkt- und Berufsforschung. http://doku.iab.de/aktuell/2016/aktueller_bericht_1616.pdf (04.08.2016).

Internationale Organisation für Migration (IOM) / Organisation for Economic Co-operation and Development (OECD) / Weltbank (WB), 2003: Trade and Migration Seminar. Genf vom 12 bis 14. November 2003. https://www.iom.int/jahia/webdav/site/myjahiasite/shared/shared/mainsite/microsites/IDM/workshops/Trade_2003_12141103/issue_day1.pdf (24.11.2016).

Internationale Organisation für Migration (IOM), 2015: World migration report 2015. Genf: International Organization for Migration.

Ireland, P., 1994: The policy challenge of ethnic diversity: Immigrant politics in France and Switzerland. Cambridge, M.A.: Harvard University Press.

Joassart-Marcelli, P., 2013: Ethnic concentration and nonprofit organizations: The political and urban geography of immigrant services in Boston, Massachusetts. International Migration 47(3): 730-772.

Jones, H., 2014: "The best borough in the country for cohesion!": Managing place and multiculture in local government. Ethnic and Racial Studies 37(4): 605-620.

Jørgensen, M. B., 2012: The diverging logics of integration policy making at national and city level. International Migration Review 46(1): 244-278.

Kaczmarczyk, P., 2015: Poland: Large migration outflows and skill-mismatch. S. 33-42 in A. Schellinger, Brain Drain – Brain Gain: European labour markets in times of crisis. Bonn: Friedrich Ebert Stiftung.

Kalandides, A. / Vaiou, D., 2012: "Ethnic" neighbourhoods? Practices of belonging and claims to the city. European Urban and Regional Studies 19(3): 254-266.

Kandylis, G., 2015: Levels of segregation, lines of closure: The spatiality of immigrants' social exclusion in Athens. Local Economy 30(7): 818-837.

Kazepov, Y., 2010: Rescaling in der Sozialpolitik: Die neue Rolle lokaler Wohlfahrtssysteme in europäischen Staaten. S. 115-153 in W. Hanesch (Hrsg.), Die Zukunft der Sozialen Stadt. Strategien gegen soziale Spaltung und Armut in den Kommunen. Wiesbaden: VS Verlag.

Kemp, A. / Lebuhn, H. / Rattner, G., 2015: Between neoliberal governance and the right to the city: Participatory politics in Berlin and Tel Aviv. International Journal of Urban and Regional Research 39(4): 704-725.

Kilpatrick, S. / Johnson, L. / King, T. J. / Jackson, R. / Jatrana, S., 2015: Making connections in a regional city: Social capital and the primary social contract. Journal of Sociology 51(2): 207-220.

Land Hessen / Autonome Gemeinschaft Madrid, 2012: Gemeinsame Erklärung über die Förderung der Mobilität von Fachkräften zwischen der Autonomen Gemeinschaft Madrid, Königreich Spanien und dem Land Hessen, Bundesrepublik Deutschland (unterzeichnet am 05.11.2012).

Lanz, S., 2013: Be Berlin! Governing the city through freedom. International Journal of Urban and Regional Research 37(4): 1305-1324.

Latham, A., 2006: Eurocommentary: Anglophone urban studies and the European city. Some comments on interpreting Berlin. European Urban and Regional Studies 13: 88-92.

Laubenthal, B., 2012: Labour migration governance in contemporary Europe. The case of Germany. Fieri working papers. Turin: Fieri.

Laubenthal, B., 2014: Europeanization and the Negotiation of a New Labour Migration Policy in Germany. The Goodness of Fit Approach Revisited. Comparative Migration Studies 2(4): 469-491.

Leerkens, A., 2016: Back to the poorhouse? Social protection and social control of unauthorised immigrants in the shadow of the welfare state. Journal of European Social Policy 26(2): 140-154.

Leschke, J. / Galgóczi, B., 2015: Arbeitskräftemobilität in der EU im Angesicht der Krise: Gewinner und Verlierer. WSI Mitteilungen 5/2015: 327-337.

Lillie, N. / Wagner, I., 2015: Subcontracting, insecurity and posted work: Evidence from construction, meat processing and ship building. S. 157-174 in J. Drahokoupil, The outsourcing challenge. Organizing workers across fragmented production networks. Brüssel: European Trade Union Institute. http://www.etui.org/content/download/20794/174273/file/Chapter+7+Subcontracting%2C+insecurity+and+posted+work.pdf (04.08.2016).

Marrow, H., 2012: The power of local autonomy: Expanding health care to unauthorized immigrants in San Francisco. Ethnic and Racial Studies 35(1): 72-87.

May, J. / Wills, J. / Datta, K. / Evans, Y. / Herbert, J. / McIlwaine, C., 2007: Keeping London Working. Transactions of Institute of British Geographers 32(2): 151-167.

Mešić, N. / Woolfson,W., 2015: Roma berry pickers in Sweden economic crisis and new contingents of the austeriat. Transfer: European Review of Labour and Research 21(1): 37-50.

Ministerio de Educación, Cultura y Deporte (MECD) / Bundesministerium für Bildung und Forschung (BMBF), 2012: Absichtserklärung zwischen dem Ministerio de Educación, Cultura y Deporte des Königreichs Spanien und dem Bundesministerium für Bildung und Forschung der Bundesrepublik Deutschland im Bereich der Berufsausbildung (unterzeichnet am 12.07.2012).

Ministerio de Empleo y Seguridad Social / Bundesministerium für Arbeit und Soziales (BMAS), 2013: Declaración de intenciones entre el Ministerio de Empleo y Seguridad Social del Reino de España y el Ministerio Federal de Trabajo y Asuntos Sociales de la República Federal de Alemania (unterzeichnet am 21.05.2013).

Ministerium der Justiz für Integration und Europa des Landes Hessen (MJIE), 2013: „Integration findet vor Ort statt". Befragung der hessischen Kommunen zum Stand ihrer Integrationspolitik. Wiesbaden: Hessisches Ministerium der Justiz, für Integration und Europa.

Ministerium für Gesundheit, Soziales, Frauen und Familie des Landes Nordrhein-Westfalen (MGSFF), 2004: Integrationsarbeit – effektiv organisiert. Ein Handbuch für Kommunen. Düsseldorf: Ministerium für Gesundheit, Soziales, Frauen und Familie des Landes Nordrhein-Westfalen.

Minor – Projektkontor für Bildung und Forschung e. V., 2016: Dokumentation der Tagung "Neuzuwanderung aus Südosteuropa – Praxismodelle aus deutschen Städten". Berlin: Minor – Projektkontor für Bildung und Forschung e. V. https://www.minor-kontor.de/images/ima_tagungsdokumentation_komplett.pdf (09.08.2016).

Mission Opérationnelle Transfrontalière, 2007: Espaces transfrontaliers. Proceedings of the European conference on cross-border territories: day-to-day Europe. Paris: Mission Opérationnelle Transfrontalière.

Moldes Farelo, R. / Gómez Sota, F. (Hrsg.), 2015: ¿Por qué te vas? Jóvenes españoles en Alemania. Madrid: Los libros de la Catarata.

Molitor, C., 2015: Geschäftsmodell Ausbeutung: Wenn europäische Arbeitnehmer_innen in Deutschland um ihre Rechte betrogen werden. Berlin: Friedrich-Ebert-Stiftung.

Montero Lange, M., 2015: Gewerkschaftliche Handlungsfelder im Kontext der neuen europäischen Arbeitsmigration nach Deutschland. S. 439-480 in C. Pfeffer-Hoffmann (Hrsg.) 2015a.

Moreno-Torres Sánchez, B., 2015: Spain: Labour market mobility as safety valve. S. 59-71 in A. Schellinger, Brain Drain – Brain Gain: European labour markets in times of crisis. Bonn: Friedrich Ebert Stiftung.

Moore, R., 2004: Migrants as mediators in a comparative perspective. S. 127-138 in R. Penninx / K. Kraal / M. Martinello / S. Vertovec (Hrsg.), Citizenship in European cities. Immigrants, local politics and integration policies. Aldershot: Ashgate.

Moore, R., 2001: Ethnicité et politique de la ville en France et en Grande-Bretagne. Paris: L'Harmattan.

National Institute of Economic and Social Research (NIESR), 2016a: The impact of free movement on the labour market: Case studies of hospitality, food processing and construction. London: National Institute of Economic and Social Research. http://www.niesr.ac.uk/sites/default/files/publications/Free%20movement%20-%20Final%20report.pdf (04.08.2016).

National Institute of Economic and Social Research (NIESR), 2016b: The long-term macroeconomic effects of lower migration to the UK. NIESR Discussion Paper No. 460. London: National Institute of Economic and Social Research. http://www.niesr.ac.uk/publications/long-term-macroeconomic-effects-lower-migration-uk#.V6sizKKNiA0 (05.08.2016).

OECD, 2004: Migration for employment: Bilateral agreements at a crossroads. Paris: Organisation for Economic Co-operation and Development.

OECD, 2011: Recruiting Immigrant Workers. Sweden. Paris: Organisation for Economic Co-operation and Development.

OECD, 2012: International Migration Outlook 2012. Paris: Organisation for Economic Co-operation and Development.

OECD, 2013: Recruiting Immigrant Workers. Germany. Paris: Organisation for Economic Co-operation and Development.

OECD, 2014a: Recruiting Immigrant Workers. Austria. Paris: Organisation for Economic Co-operation and Development.

OECD, 2014b: Recruiting Immigrant Workers. Norway. Paris: Organisation for Economic Co-operation and Development.

OECD, 2016a: Recruiting Immigrant Workers. The Netherlands. Paris: Organisation for Economic Co-operation and Development.

OECD, 2016b: Recruiting Immigrant Workers. The Netherlands. Paris: Organisation for Economic Co-operation and Development.

Özbabacan, A., 2012: European cities: From integration to diversity policies. Migration Policy Practice II(4): 11-14.

Oxford Economics, 2012: Global Talent 2012 – How the new geography of talent will transform human resource strategies. Oxford: Oxford Economics.

Paganoni, M. C., 2012: City branding and social inclusion in the glocal city. Mobilities 7(1): 13-31.

Papademetriou, D. G. / Sumption, M., 2013: Attracting and Selecting from the Global Talent Pool – Policy challenges. Migration Policy Institute und Bertelsmann Stiftung: 27-38.

Parusel, B. / Tamas, K., 2016: The most open system for labour immigration – has it worked? Migration Policy Practice VI(1),: 11-15. https://publications.iom.int/system/files/pdf/mpp_25_0.pdf (04.08.2016).

Pascouau, Y., 2013: Intra-EU mobility: The "second building block" of EU labour migration policy. Buscar lugar: European Policy Centre.

Pastore, F., 2010: Managing Migration through the Crisis: Evolving Patterns in European Policies on Labour Migration and Mobility. Fieri working papers. Turin: Fieri.

Pastore, F., 2014: The Governance of Migrant Labour Supply in Europe, Before and During the Crisis. An Introduction. Comparative Migration Studies 2(4): 385-415.

Penninx, R., 2000: Het Dramatische Misverstand. S. 27-49 in J. E. Overdijk-Francis / H. Smeets / A. Aboutaleb (Hrsg.), Bij Nader Inyien: Het Integratiedebat op Afstand Bekeken. Houten/Leylstad: Infoplus Minderheden.

Penninx, R. / Martiniello, M. / Brey, E. / Cachón, L. / Garcés, B., 2006: Procesos de integración y políticas (locales): estado de la cuestión y algunas enseñanzas. Reis 116: 123-156.

Penninx, R., 2007: Integration processes of migrants: Research findings and policy challenges. Migracijske i etničke teme 23: 7-32.

Penninx, R., 2009: Descentralizing integration policies – Managing migration in cities, regions and localities. Policy Network Paper. London: Policy Network.

Penninx, R. / Kraal, K. / Martinello, M. / Vertovec, S. (Hrsg.), 2004: Citizenship in European cities. Immigrants, local politics and integration policies. Aldershot: Ashgate.

Penninx, R. / Martinello, M., 2006: Procesos de integración y políticas locales: Estado de la cuestión y algunas enseñanzas. Revista Española de Investigaciones Sociológicas 116: 123-156.

Pfeffer-Hoffmann, C. (Hrsg.), 2014: Arbeitsmigration nach Deutschland. Analysen zur Neuen Arbeitsmigration aus Spanien vor dem Hintergrund der Migrationsprozesse seit 1960. Berlin: Mensch & Buch Verlag.

Pfeffer-Hoffmann, C. (Hrsg.), 2015a: Neue Arbeitsmigration aus Spanien und Italien nach Deutschland. Berlin: Mensch & Buch Verlag.

Pfeffer-Hoffmann, C. (Hrsg.), 2015b: Profile der Neueinwanderung. Differenzierungen in einer emergenten Realität der Flüchtlings- und Arbeitsmigration. Berlin: Mensch & Buch Verlag.

Pfeffer-Hoffmann, C. (Hrsg.), 2016: Fachkräftesicherung durch Integration zuwandernder Fachkräfte aus dem EU-Binnenmarkt – Neue Arbeitsmigration aus Bulgarien, Frankreich, Polen und Rumänien nach Berlin. Berlin: Mensch & Buch Verlag.

Pfeffer-Hoffmann, C. / Kyuchukov, H. / Stapf, T. / de Jongh, B., 2015: Ergebnisbericht im Projekt "Informations- und Integrationsmanagement für neu zugewanderte Roma aus Bulgarien und Rumänien in Berlin". Berlin: Minor – Projektkontor für Bildung und Forschung e.V. https://www.minor-kontor.de/images/minor-kontor/Veroeffentlichungen/ima_gesamttext_neu_15-11-25.pdf (05.08.2016).

Pierson, P., 2000: Increasing returns, path dependence, and the study of politics. The American Political Science Review 94(2): 251-267.

Pierson, P. / Skocpol, T., 2002: Historical institutionalism in contemporary political science. S. 693-721 in I. Katznelson / H. Milner, H. (Hrsg.), Political Science: The state of the discipline. New York: Norton.

Plotnikova, E., 2014: The role of bilateral agreements in the regulation of health worker migration. S. 325-345 in J. Buchan / M. Wismar / I. A. Glinos / J. Bremner (Hrsg.), Health Professional Mobility in a Changing Europe. New dynamics, mobile individuals and diverse responses. Volume II. Genf: World Health Organization.

Pries, L., 2015: Gute Arbeit und Globalisierung – Widerspruch oder Herausforderung? S. 52-76 in R. Hoffmann / C. Bogedan (Hrsg.), Arbeit der Zukunft. Möglichkeiten nutzen – Grenzen setzen. Frankfurt am Main: Campus. https://www.researchgate.net/profile/Ludger_Pries/publication/280555876_Gute_Arbeit_und_Globalisierung_-_Widerspruch_oder_Herausforderung/links/55b8e31008aed621de07d064.pdf?origin=publication_detail (05.08.2016).

Pries, L. / Shinozaki, K., 2015: Neue Migrationsdynamiken und Folgerungen für gewerkschaftliche Politiken. WSI Mitteilungen 5/2015: 374-382.

Quirico, M., 2012: LAB-MIG-GOV Project "Which labour migration governance for a more dynamic and inclusive Europe?" Labour migration governance in contemporary Europe. The case of Sweden. Fieri working papers. Turin: Fieri.

Ramasamy, S., 2016: The Role of Employers and Employer Engagement in Labour Migration from Third Countries to the EU. Paris: Organisation for Economic Co-operation and Development.

Rappaport, J., 1987: Terms of empowerment exemplars of prevention toward a theory of community psychology. American Journal of Community Psychology 15(2): 121-148.

Rex, J. / Samad, Y., 1996: Multiculturalism and political integration in Birmingham and Bradford. Innovation 9: 11-31.

Riemsdijk, M. v., 2016: Governance of international skilled migration: Scalar politics and network relations. Working Paper No. 129. Oxford: Centre on Migration, Policy and Society. https://www.compas.ox.ac.uk/2016/governance-of-international-skilled-migration-scalar-politics-and-network-relations/ (09.08.2016).

Rogers, A. / Tillie, J. (Hrsg.), 2001: Multicultural policies and modes of citizenship in European cities. Aldershot: Ashgate.

Rose, N., 1996: The death of the social? Refiguring the territory of government. Economy and Society 25(3): 327-356.

Rose, N., 2000: Community, citizenship and "The Third Way". American Behavioral Scientist 43(9): 1395-1411.

Roth, R., 2012: Integrationspolitik ist locker koordinierte Anarchie. IQ-Konkret 2: 14-16.

Royal College of Nurses, 2015: International Recruitment 2015. London: Royal College of Nurses.

Sachverständigenrat deutscher Stiftungen für Integration und Migration (SVR), 2011: Migrationsland 2010. Jahresgutachten 2011 mit Migrationsbarometer. Berlin: Sachverständigenrat deutscher Stiftungen für Integration und Migration.

Sachverständigenrat deutscher Stiftungen für Integration und Migration (SVR), 2013: Erfolgsfall Europa? Folgen und Herausforderungen der EU-Freizügigkeit für Deutschland Jahresgutachten 2013 mit Migrationsbarometer. Berlin: Sachverständigenrat deutscher Stiftungen für Integration und Migration. http://www.svr-migration.de/wp-content/uploads/2013/04/Web_SVR_Jahresgutachten_2013.pdf (24.11.2016).

Sachverständigenrat deutscher Stiftungen für Integration und Migration (SVR), 2015: Unter Einwanderungsländern: Deutschland im internationalen Vergleich. Berlin: Sachverständigenrat deutscher Stiftungen für Integration und Migration.

Sachverständigenrat deutscher Stiftungen für Integration und Migration (SVR), 2016: Global migration governance: Deutschland als Mitgestalter internationaler Migrationspolitik. Policy Brief des SVR-Forschungsbereichs 2016/3. Berlin: Sachverständigenrat deutscher Stiftungen für Integration und Migration
http://www.svr-migration.de/wp-content/uploads/2016/03/Policy-Brief_Global-Migration-Governance.pdf (10.08.2016).

Sala, R., 2007: Vom 'Fremdarbeiter' zum 'Gastarbeiter': Die Anwerbung italienischer Arbeitskräfte für die deutsche Wirtschaft 1938–1973. Vierteljahreshefte für Zeitgeschichte (55)1: 93-120.

Salis, E., 2014: A Crucial Testing Ground. The Governance of Labour Migration in the Long-Term Care Sector. Comparative Migration Studies 2(4): 519-545.

Sassen, S., 2004: Local actors in global politics. Current Sociology 52(4): 649-670.

Sassen, S., 2005: The network of global cities: A space of power and empowerment. Journal of Social Affairs 22(86): 13-31.

Sassen, S., 2008: Deciphering the global: Its spaces, scales and subject. Social Thought and Research 29: 1-30.

Sassen, S., 2010: Global inter-city networks and commodity chains: Any intersections? Global Networks 10(1): 150-163.

Schader-Stiftung, 2011: Integrationspotenziale in kleinen Städten und Landkreisen. Darmstadt: Schader-Stiftung.

Scholten, P. / Penninx, R., 2016: The multilevel governance of migration and integration. S. 91-108 in B. Garcés-Mascareñas, B. / R. Penninx (Hrsg.), Integration Processes and Policies in Europe. Cham: Springer.

Schröer, H., 2011: Kommunale Integrationskonzepte. München: VIA Bayern – Verband für interkulturelle Arbeit e.V.

Scuzzarello, S., 2015: Policy actors' narrative constructions of migrants' integration in Malmö and Bologna. Ethnic and Racial Studies 38(1): 57-74.

Suter, B. / Jandl, M., 2008: Train and retain: National and regional policies to promote the settlement of foreign graduates in knowledge economies. International Migration and Integration 9(4): 401-418.

Siegert, A. / Buscher, H. S., 2013: Über Willkommenskultur und Einwanderungspolitik. Leibniz- Institut für Wirtschaftsförderung Halle (IWH), Wirtschaft im Wandel 19(4): 69-72.

Siegert, A. / Buscher, H. S. / Ohliger, R., 2013: Transaktionskosten und Fachkräftewerbung. Ein Erklärungsansatz auf Grundlage der Institutionenökonomik. IWH-Diskussionspapiere 11/2013. Leibniz-Institut für Wirtschaftsforschung Halle (IWH).

Syrett, S. / Sepulveda, L., 2012: Urban governance and economic development in the diverse city. European Urban and Regional Studies 19(3): 238-253.

Statistisches Bundesamt, 2016: Bevölkerung und Erwerbstätigkeit. Vorläufige Wanderungsergebnisse 2015. Wiesbaden: Statistisches Bundesamt. https://www.destatis.de/DE/Publikationen/Thematisch/Bevoelkerung/Wanderungen/vorlaeufigeWanderungen5127101157004.pdf;jses-sionid=F6E53C2E69A07D9BA5FD516B1495AA27.cae2?__blob=publicationFile (10.08.2016).

Teney, C. / Siemsen, P., 2015: Germany: A mayor intra-EU Brain Gain country. S. 12-21 in A. Schellinger, Brain Drain – Brain Gain: Labour mobility in the EU in times of crisis. Bonn: Friedrich Ebert Stiftung.

The Boston Consulting Group (BCG), 2012: Creating People Advantage 2012: Mastering HR Challenges in a Two-Speed World. München: The Boston Consulting Group.

The Boston Consulting Group (BCG), 2013: The Looming Global Talent Crisis – How to Counteract Workforce Imbalances. Düsseldorf: The Boston Consulting Group.

The Migration Observatory at the University of Oxford, 2016: Commentary. Pulling power: Why are EU citizens migrating to the UK? Oxford: The Migration Observatory at the University of Oxford. http://www.migrationobservatory.ox.ac.uk/commentary/pulling-power-why-are-eu-citizens-migrating-uk (09.08.2016).

Thörnqvist, C. / Bernhardsson, S., 2015: Their own stories – how Polish construction workers posted to Sweden experience their job situation, or resistance versus life projects. Transfer: European Review of Labour and Research 21(1): 23-36.

Thränhardt, D., 2009: Migrations- und Integrationspolitik: Vom Korporatismus zur inszenierten Verstaatlichung. S. 156-172 in B. Rehder / T. von Winter / U. Willems (Hrsg.), Interessenvermittlung in Politikfeldern. Vergleichende Befunde der Policy- und Verbändeforschung. Wiesbaden: VS Verlag.

Van Ewijk, E. / Nijenhuis, G., 2016: Translocal activities of local governments and migrant organizations. S. 127-146 in B. Garcés-Mascareñas, B. / R. Penninx (Hrsg.), Integration Processes and Policies in Europe. Cham: Springer.

Vertovec, S., 1998: Multicultural policies and modes of citizenship in European cities. International Social Science Journal 50(156): 187-199.

Vertovec, S., 2007: Super-diversity and its implications. Ethnic and Racial Studies 30(6): 1024-1054.

Vertretung des Landes Hessen, 2014: Bericht aus Brüssel 02/2014 vom 31.01.2014. Brüssel: Vertretung des Landes Hessen https://staatskanzlei.hessen.de/sites/default/files/media/2014-01-31_bericht_aus_bruessel_02-2014.pdf (24.11.2016).

Wagner, I., 2015a: EU posted worker and transnational action in the German meat industry. Transfer: European Review of Labour and Research 21(2): 201-213.

Wagner, I., 2015b: Arbeitnehmerentsendung in der EU: Folgen für die Arbeitsmarktintegration und soziale Sicherung. WSI Mitteilungen 5/2015, 338-344.

World Health Organization (WHO), 2006: The world health report 2006 – Working together for health. Genf: World Health Organization.

Winter, R. / Staber, A., 2015: Das Leben an den Rändern. Entstehung und Perspektiven von Hybridität in soziologischer Sicht. Der Beitrag von Robert E. Park und Everett V. Stonequist. S. 45-60 in J. Reuter / P. Mecheril (Hrsg.) 2015.

Wiskow, C. (Hrsg.), 2006: Health worker migration flows in Europe: Overview and case studies in selected CEE countries: Romania, Czech Republic, Serbia and Croatia. ILO Working Paper 245. Genf: International Labour Organization.

Wismar, M. / Palm, W. / Figueras, J. / Ernst, K. / van Ginneken, E., 2011: Cross-border health care in the European Union. Observatory Studies Series 22. Kopenhagen: WHO Regional Office for Europe on behalf of the European Observatory on Health Systems and Policies.Zelani, K. / Bucken-Knapp, G. / Hinnfors, J. / Spehar, A., 2016: Urban governance of CEE mobility in European urban regions. Imagination Project Report. Rotterdam: Imagination Project.

Zhou, M., 2009: How neighbourhoods matter for immigrant children: The formation of educational resources in Chinatown, Koreatown and Pico Union, Los Angeles. Journal of Ethnic and Migration Studies 35(7): 1153-1179.

Abbildungsverzeichnis

ABBILDUNG 1: ALLGEMEINE HÜRDEN FÜR MIGRANTINNEN UND MIGRANTEN BEIM ZUZUG IN STÄDTE 65

ABBILDUNG 2: ECKPUNKTE EINER KOMMUNALEN INTEGRATIONSPOLITIK 76

ABBILDUNG 3: PROZESSKETTE DER NEUZUWANDERUNG 77

ABBILDUNG 4: PROZESSKETTE DER ARBEITSMARKTINTEGRATION VON NEUZUGEWANDERTEN 78

ABBILDUNG 5: VORABINFORMATION IM HERKUNFTSLAND 79

ABBILDUNG 6: HERAUSFORDERUNGEN BEI DER ARBEITSSUCHE 80

ABBILDUNG 7: BEDEUTUNG VERSCHIEDENER INTEGRATIONS- UND UNTERSTÜTZUNGSANGEBOTE 81

ABBILDUNG 8: BEDEUTUNG VERSCHIEDENER INTEGRATIONS- UND UNTERSTÜTZUNGSANGEBOTE 82

ABBILDUNG 9: WEGE DER COMMUNITYZENTRIERTEN INFORMATIONSVERMITTLUNG 85

ABBILDUNG 10: HANDLUNGSFELDER DER KOORDINATION 86

ABBILDUNG 11: HANDLUNGSFELDER NATIONALER REKRUTIERUNGSPOLITIKEN 97

ABBILDUNG 12: FAKTOREN, DIE ENTSCHEIDEND FÜR DIE AUSWAHL EINES ZIELLANDES SIND 105

ABBILDUNG 13: VERTEILUNG DER EU-AUSLÄNDISCHEN SVB IN BERLIN NACH BERUFSABSCHLUSS IM VERGLEICH 129

ABBILDUNG 14: VERTEILUNG DER EU-AUSLÄNDISCHEN SVB IN BERLIN NACH ANFORDERUNGSNIVEAU IM VERGLEICH 131

ABBILDUNG 15: HÄUFIGSTE ARBEITSBRANCHEN DER EU-AUSLÄNDISCHEN SVB IN BERLIN IM VERGLEICH 133

ABBILDUNG 16: ALTERSVERTEILUNG DER EU-AUSLÄNDISCHEN SVB IN BERLIN NACH WIRTSCHAFTSZEIGEN 134

ABBILDUNG 17: HÄUFIGSTE ARBEITSBRANCHEN DER EU-AUSLÄNDISCHEN GEB IN BERLIN IM VERGLEICH 138

ABBILDUNG 18: ALTERSVERTEILUNG DER EU-AUSLÄNDISCHEN GEB IN BERLIN NACH WIRTSCHAFTSZWEIGEN 139

ABBILDUNG 19: GESCHLECHTERVERHÄLTNISSE DER EU-AUSLÄNDISCHEN SVB UND GEB IN BERLIN 140

ABBILDUNG 20: ZUSAMMENSETZUNG DER AUSLÄNDISCHEN BEVÖLKERUNG BERLINS 145

ABBILDUNG 21: VERTEILUNG DER BULGARINNEN UND BULGAREN AUF DIE BERLINER PLANUNGSRÄUME 149

ABBILDUNG 22: VERTEILUNG DER FRANZÖSINNEN UND FRANZOSEN AUF DIE BERLINER PLANUNGSRÄUME 150

ABBILDUNG 23: VERTEILUNG DER GRIECHINNEN UND GRIECHEN AUF DIE BERLINER PLANUNGSRÄUME 151

ABBILDUNG 24: VERTEILUNG DER ITALIENERINNEN UND ITALIENER AUF DIE BERLINER PLANUNGSRÄUME 152

ABBILDUNG 25: VERTEILUNG DER POLINNEN UND POLEN AUF DIE BERLINER PLANUNGSRÄUME 153

ABBILDUNG 26: VERTEILUNG DER RUMÄNINNEN UND RUMÄNEN AUF DIE BERLINER PLANUNGSRÄUME 154

ABBILDUNG 27: VERTEILUNG DER SPANIERINNEN UND SPANIER AUF DIE BERLINER PLANUNGSRÄUME 155

ABBILDUNG 28: VERTEILUNG DER BRITINNEN UND BRITEN AUF DIE BERLINER PLANUNGSRÄUME 156

ABBILDUNG 29: ENTWICKLUNG DER EU-AUSLÄNDISCHEN BEVÖLKERUNG IN MITTE 157

ABBILDUNG 30: ENTWICKLUNG DER EU-AUSLÄNDISCHEN BEVÖLKERUNG IM WEDDING 158

ABBILDUNG 31: „ES WAR WICHTIG, DASS DIE VERANSTALTUNG IN MEINER MUTTERSPRACHE STATTFAND" 171

ABBILDUNG 32: „ES WAR WICHTIG, DASS DAS SEMINAR AM SPÄTEN NACHMITTAG STATTFAND" 172

ABBILDUNG 33: FLYER IM LESEZEICHENFORMAT FÜR DIE BEWERBUNG DER COMMUNITY-SEMINARE 173

ABBILDUNG 34: SEMINAR FÜR DIE ITALIENISCHE COMMUNITY 174

Tabellenverzeichnis

TABELLE 1: DIVERSITÄT UND KOMMUNALE STRATEGIEN 63

TABELLE 2: ZUSAMMENSTELLUNG VON EMPFEHLUNGEN FÜR KOMMUNALE INTEGRATIONSPOLITIKEN 69

TABELLE 3: HANDLUNGSFELDER DES COMMUNITY-ANSATZES 77

TABELLE 4: PHASEN DER REKRUTIERUNG 109

TABELLE 5: GESCHLECHTERVERHÄLTNISSE DER EU-AUSLÄNDISCHEN SVB IN BERLIN UND DEUTSCHLAND NACH STAATSANGEHÖRIGKEIT 127

TABELLE 6: GESCHLECHTERVERHÄLTNISSE DER IN BERLIN GEMELDETEN EU-AUSLÄNDERINNEN UND -AUSLÄNDER ÜBER 15 JAHRE 128

TABELLE 7: GESCHLECHTERVERHÄLTNISSE DER GEB IN BERLIN UND DEUTSCHLAND NACH STAATSANGEHÖRIGKEIT 137

TABELLE 8: GESCHLECHTERVERHÄLTNISSE DER SVB UND GEB IN BERLIN NACH STAATSANGEHÖRIGKEIT 141

TABELLE 9: HAUPTHERKUNFTSLÄNDER DER EU-NEUZUGEWANDERTEN IN 2015 146